策略
产品经理

数据赋能业务

夏杰 著

电子工业出版社·
Publishing House of Electronics Industry
北京·BEIJING

内 容 简 介

随着互联网"下半场"的到来，企业经营思路发生了重大转变，由野蛮式增长逐步向精细化运营过渡，数据成为了各大企业制胜的法宝。与之对应的是，传统的以用户体验、产品功能为主要工作内容的产品经理市场饱和度越来越高，求职竞争越来越激烈，而壁垒却越来越弱，用数据赋能业务的产品经理则在招聘市场上供不应求，策略产品经理就是其中之一。

本书主要从职业发展、技能体系、工作过程以及方法论沉淀等角度来生成策略产品经理的画像，旨在帮助有志成为一名策略产品经理的人士了解策略产品经理需要具备的基本素质与能力、他们是如何工作的，以及成为一名策略产品经理的学习路径。

本书适合计划成为一名策略产品经理的在校生学习，也可以为想转型为策略产品经理的职场人士提供参考。另外，也很欢迎现阶段正在从事策略产品经理工作的同行阅读本书、一起交流。

图书在版编目（CIP）数据

策略产品经理：数据赋能业务 / 夏杰著. —北京：电子工业出版社，2020.9
ISBN 978-7-121-39347-1

Ⅰ. ①策… Ⅱ. ①夏… Ⅲ. ①企业管理－产品管理 Ⅳ. ①F273.2

中国版本图书馆 CIP 数据核字(2020)第 141371 号

责任编辑：林瑞和
文字编辑：牛　勇
印　　刷：北京盛通数码印刷有限公司
装　　订：北京盛通数码印刷有限公司
出版发行：电子工业出版社
　　　　　北京市海淀区万寿路 173 信箱　　邮编：100036
开　　本：720×1000　　1/16　　印张：11　　字数：201 千字
版　　次：2020 年 9 月第 1 版
印　　次：2025 年 1 月第 8 次印刷
定　　价：59.00 元

凡所购买电子工业出版社图书有缺损问题，请向购买书店调换。若书店售缺，请与本社发行部联系，联系及邮购电话：(010) 88254888，88258888。

质量投诉请发邮件至 zlts@phei.com.cn，盗版侵权举报请发邮件至 dbqq@phei.com.cn。

本书咨询联系方式：010-51260888-819，faq@phei.com.cn。

序 ——————————————————————————

夏杰是我的一个比较特殊的学生，他在学校就读期间，就充分显示出成为一名优秀职场人的潜质，不仅做事目标明确，而且头脑足够灵活。当年，他这种活络、特立独行、放荡不羁的特质，经常会与学生必须遵守的诸多条条框框格格不入。于是，被我头疼地各种"修理"理所当然地占据了我俩之间比讨论学术还要多的沟通时间。但正是这样，也促成了我们之间亦师亦友的关系。

夏杰在攻读硕士研究生期间的文字能力和统稿能力就已经非常突出，甚至超过了很多青年教师。其时的他已经能够完成国家级项目子课题的申报书、中期检查报告、结题报告等大量文本的写作，这在硕士生中还是不多见的。

毕业后，他意气风发地去了上海。随后的每年，我都会得到他的点滴消息。后来，得知这个不安分的家伙又回到了北京并在企业中工作得相当出色。同时，我意外地得知他还是一位优秀的文章作者，经常在互联网上分享一些专业的文章。

数年间，夏杰就从一个连早晨见到老总还会紧张到半夜依然在回溯自己的言行是否表现得完美的帅小伙，变为有思想、一步一个脚印地修正自己的发展方向的职场精英，现在已成长为清癯、干练的职场人。

2020 年的春节研究生年会上，夏杰依然和其他步入社会的学长们一同如期回到学校，给学弟学妹们普及针对新人的职场知识。这次让我非常惊讶的是，夏杰已经完成了一本关于产品经理的书，而且快要出版了。虽然知道他善于思考、勤于总结，但没想到这样一个纯工科背景的"理工男"，居然可以写出这样一本书来。

当夏杰诚心地邀请我为此书做序的时候，我的第一感觉是拒绝，我说我只能学习。因为我搞不定！实话实说，对于我这样一个常年工作在科研和教学一线，几乎没有任何商务和市场能力的教师来说，实在是不擅长策略产品经理的相关知识，而且几乎是一点都不懂。但是，当我花了很长时间"啃"完之后，发现这实在是一本面向策略产品经理新人的入门级宝典。此书通过大量翔实的案例，让我对策略产品经理有了完整、清晰的认识。其对案例的精彩分析，完全颠覆了我基于常年科研习惯而只关注数据本身及各种"高大上"算法的认知，让我了解了以前一无所知、每天都会积极浏览的各种推送信息背后的故事。很显然，这些既深入浅出、具有明确特征，又图文并茂的案例，如果不是多年来持之以恒地以科学的心态和负责分析的态度悉心收集与积累，是无法写成的，也就无法成就此书。

捧着这份几乎是他用美好青春年华换取的书稿，我仿佛看到了一个年轻人近十年来的努力奋斗历程。其间的点滴，可能在书中仅仅是字里行间冷静、理性的数据呈现。但我知道，这些案例的背后，绝不是"面朝大海，春暖花开"般的轻描淡写，一定是通过一个个不眠之夜的艰难抉择、无数次推倒重来、滚过一个又一个"坑"、发动一切可能的资源去想方设法地改进方案才得到的宝贵经验。

随着网络和人工智能等技术的飞速发展，数据在企业运营中的地位越来越不可或缺。策略产品和策略产品经理将成为产品商业价值实现的重要基础，甚至是重中之重的"定盘星"。

我郑重地向大家推荐此书，它可作为众多关注策略产品和策略产品经理的职场新人的教科书级别的入门指引。

高立

北京邮电大学多学科交叉研究中心主任

北京邮电大学教授

2020 年 5 月于北京

专家推荐 ——————————————————

相较宽泛概念的产品岗位而言,策略产品经理的专业性更强,要求对业务理解的程度更深。相应地,策略产品经理的薪资待遇也非常高。策略产品经理需要掌握更加精进的方法论和更多的数据支撑更好的决策逻辑,同时也需要拿到最真实的结果反馈来进行产品迭代。

优秀的策略产品经理,要做到业务痛点说得清楚、产品动作清晰、迭代结果可依。本人有幸在京东工作期间与夏杰一起并肩作战,对其专业能力非常认可。希望读者朋友能从本书中收获良多。

滴滴资深营销专家　刘华伟

策略产品经理的定义并不统一,不过目标都很明确:实现产品价值。为达到目标,各行各业及各领域可探索的手段、方式是多种多样的。因此,要了解和学习策略产品经理需要具备的技能,最好的方法就是研读和实践大量的具体案例,而夏杰的这本书就包含了足够多的案例可供参考,对产品经理新人会很有帮助和启发。

《从点子到产品:产品经理的价值观与方法论》
《产品思维:从新手到资深产品人》作者　刘飞

进入科学化、精细化产品时代，结合业务并运用数据制定产品策略已经成了对产品经理的基本要求。如果你不了解什么是产品策略、什么是策略产品经理，那么我建议你仔细阅读本书。

《产品经理必懂的技术那点事儿：成为全栈产品经理》作者，

公众号"唐韧"主理人　唐韧

随着互联网和各个行业的深度结合，所谓"产品"已经远远不再是通常意义上的 App、网页等，在某种程度上，产品就是业务本身。互联网时代的企业要增长，离不开各种各样的基于产品、数据的策略，例如如何给用户展示合适的商品，推荐系统的策略就很重要。本质上，策略产品经理是产品、业务机制的构建者。夏杰的这本书，大家读后会对策略产品经理有深入的理解。

知群 CEO　马力

产品经理作为一款产品的 owner，不仅需要考虑功能和体验，更需要关注产品商业价值的实现。当下，数据在企业经营中发挥的作用越来越大，企业精细化运营离不开数据，活动营销离不开数据，产品设计也离不开数据，因此数据的应用会成为未来产品经理的一个重要发展方向。夏杰是 2019 年度人人都是产品经理社区"年度最具影响力作者"，这本书通过大量的案例给大家呈现了策略产品经理在数据应用上的方法，值得大家阅读。

起点学院、人人都是产品经理社区创始人兼 CEO　曹成明（老曹）

作者简介 ————————————————————

夏杰

阿里巴巴策略产品经理，企业优秀讲师，知群产品经理课程邀请讲师。

腾讯大学、人人都是产品经理等平台自媒体专栏作家，2019年度人人都是产品经理"年度最具影响力作者"。

擅长数据、搜索、推荐等策略产品设计，曾负责多个主流App、小程序的搜索推荐策略工作，涉及电商、医疗、内容等领域，对数据赋能业务有较多的实践和创新应用，工作期间获得9项发明专利。

微信公众号：夏唬人

前言 ——————————————————————————————————————

随着互联网人口红利的消失，很多企业的增长思路不得不由用户体量扩充，转而向存量用户的精细化运营方向寻求突破。在这其中，数据的应用是关键。产品的目标用户群体是谁？他们的目标是什么？如何提升每个用户的价值？弄清这些都需要对大量的数据进行统计、计算，因此如何在业务中发挥数据的价值是企业运营的重中之重。

企业的服务是以产品作为载体传递给用户的，而产品经理是一个产品的缔造者，也是产品实现其业务价值的推动者，因此产品经理的数据应用能力直接决定了该产品价值能否实现。数据应用于产品的领域有很多，精准营销、广告投放、路线规划、产品定价、搜索系统、个性化推荐等。本书旨在基于笔者在搜索推荐领域的实践经验，通过介绍策略产品经理的技能、工作内容以及方法论，来帮助读者全方位认识策略产品经理在实际工作中如何用数据赋能业务、帮助产品实现其商业价值。

本书结构

本书共分为五大部分，按照从行业背景、知识体系到产品实践的顺序编写，建议各位读者按照章节顺序进行阅读。如果你是一名在校生，并且有志于从事策略产品经理的工作，通过本书可以了解成为一名策略产品经理需要具备的基本知识和技能体系，同时对策略产品经理的工作内容和流程有系统的认知；如果你已经是一名产品经理，通过本书可以了解策略产品经理的工作侧重点以及方法论有哪些不同，同时本书也能够给你带来一些关于职业发展的启发。

第1章，基于当前行业发展的现状，以及数据赋能业务的必要性，展示了策略产品经理出现的背景，同时介绍了策略产品经理的工作内容以及流程。并且，就如何成为一名策略产品经理进行了探讨，旨在帮助大家建立对产品经理的全方位认知。

第2章，主要针对策略产品经理常见的知识技能体系进行了阐述，包括产品埋点、A/B测试以及常见的机器学习算法，通过掌握这些技能，能够保证在实际工作过程中产出的方案更加完善，沟通更加顺畅。

第3章，介绍产品经理如何定义策略产品需求。策略需求本身来源于问题，但是相比其他常见的产品需求，策略需求需要关注的面更广、更完整。这部分还针对如何定义一个优秀的策略需求进行了探讨。

第4章，对策略产品经理的能力模型以及产品搭建的方法论进行了阐述，基于从0到1搭建个性化推荐系统的实例，总结出策略产品的搭建流程及产品经理的结构化思考方法。

第5章，对产品经理的发展进行了展望。数据会越来越受各大企业重视，数据赋能业务也是未来各大企业的发力点。产品经理如果想提升自身的竞争力，就需要跟随时代发展的潮流，不断迭代个人的知识、方法论体系，这样才不至于被行业淘汰。

感谢

笔者虽然平时会写一些文章，但是写书并不是对文章进行简单的堆砌，面临的困难更多。从提笔到成书，这期间获得了不少人的支持，他们帮助笔者解决了一个又一个问题。因此十分感谢在这段时间里为本书的编写提出宝贵建议的朋友和亲人们。

感谢出版社的林瑞和老师及其他参与本书编辑工作的人员，为完善书稿提出了很多建议，保证了本书的顺利出版。

还要感谢阅读本书的所有读者，感谢你们信任笔者、信任这本书，希望本书能够给你们带来真实的收获。当然，由于能力有限，若有表述不当之处，也欢迎大家指出、批评。笔者的微信公众号为"夏唬人"。

尤其要感谢笔者的硕士研究生导师高立教授，在百忙之中为本书写序，并提出很多宝贵建议。

最后，感谢我的家人，我爱你们。

读者服务

微信扫码回复：39347

- 获取博文视点学院 20 元付费内容抵扣券
- 获取免费增值资源
- 加入读者交流群，与更多读者互动
- 获取精选书单推荐

目录

第 1 章

新形势下的产品经理

2016 年 7 月，美团点评 CEO 王兴提出中国互联网已经进入"下半场"。据 QuestMobile 相关数据显示，移动互联网月活用户（MAU）规模达到 11.38 亿人，增长进一步放缓。其中，2019 年第一季度，移动互联网行业 MAU 增长只有 762 万人，相比 2018 年同期的增长幅度下降了 300 余万人，3 月同比增速更是首次跌破了 4%，如图 1-1 所示。

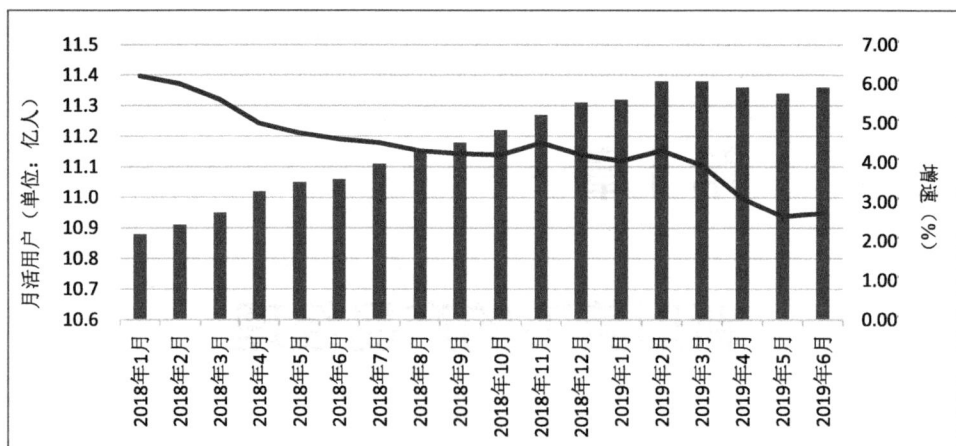

图 1-1　移动互联网月活用户规模变化趋势图

随着"人口红利"的消失，企业的经营思路也开始发生显著的变化。越来越多的企业由广撒网、铺渠道、抢流量的传统互联网玩法，转变为对企业存量用户、流量的精细化运营，尤其是一些比较"老"的行业，比如电商、内容社区等。

同时，随着各行业产品形态、主体结构、设计思路的完善和趋同，传统以功能和体验为主的产品已经越来越缺乏竞争壁垒了。好比水、电一样，良好的用户体验已经成为一款互联网产品的基础功能，产品经理更应该关注的是怎么在良好的体验基础上为用户创造更多的价值。如图 1-2 所示，良好的用户体验可以说仅仅是用户价值中的冰山一角，一款产品除了提供良好的功能服务，还应该追求更多的价值，比如服务效率、情感体验、商业价值等，这些才是一个产品的根基。

- 界面设计
- 功能流程

- 服务效率
- 情感体验
- 商业价值
······

图 1-2　产品价值

- 服务效率。衡量用户在产品上完成一项流程的效率，包括了用户在完整业务流程闭环中的所有付出资源的利用效率。比如对打车软件来说，不仅要考虑用户完成一次车辆呼叫到司机接单所用的时间，而且要考虑如何规划路线能让用户以合适的费用和耗时完成本次出行。

- 情感体验。产品除了提供基本功能服务，还能满足用户的感性需求。比如网易云音乐虽然是一款基础的音乐产品，但其最大的亮点在于评论区建设。用户在评论区不仅会对歌曲质量、歌手唱功进行评价，更多地是抒发歌曲带来的生活感悟，通过点赞、互评等交互方式满足自己被他人欣赏、鼓励、赞美等感性需求。

- 商业价值。对于企业来讲，产品的核心在于其商业价值，这是不争的事实。很多时候，我们都说应该做一个有情怀的产品经理，但是对于企业来说，一个产品能否为其带来商业利益是投入多少资源的重要考量依据。

除了上面介绍的几种，还有很多其他的产品价值是需要关注的。这对产品经理提出了更高的要求，如果说过去是通过对用户习惯、认知、心理的把握给用户提供完善的功能和舒适的体验，那么现在需要通过更深刻的认知和刻画用户，明确用户想看到什么、想要消费什么，才能在存量用户中挖掘出更多的潜在价值。而这一切的关键在于数据的应用——如何拿数据去赋能业务，策略产品经理应运而生。

1.1 数据时代产品的特殊性

1.1.1 用户数据本身就是最好的运营资源

在移动互联网时代，对于用户、流量的运营一直存在，无论是曾经比较流行的地推方式，还是后面渐渐火起来的 H5 活动运营，都是常见的运营手段。图 1-3 是互联网产品运营中经常提到的 AARRR 模型，代表了对用户、流量运营的思路：拉新（acquisition）、促活（activation）、留存（retention）、转化（revenue）、传播（refer）。

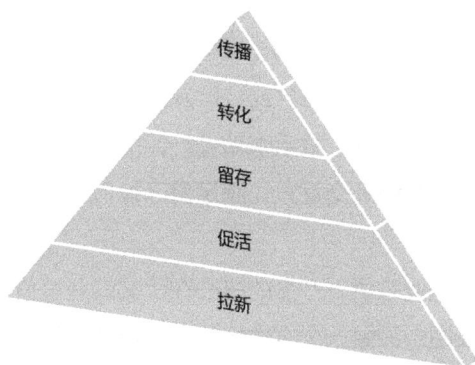

图 1-3 AARRR 模型示意图

AARRR 模型概括了用户和产品发生交互的全生命周期。在不同的行业周期、不同的产品阶段，其侧重点都不一样。过去几年，大家都在努力地做第一个阶段的工作——拉新，都想尽快从市场这块大蛋糕上切到属于自己的一块，典型的"补贴烧钱"大战就是一种最直接的拉新手段，以企业财力资源来换取用户流量增长。但是，随着整个行业形势的变化，获客成本变得越来越高，图 1-4 显示了当前主流电商行业从 2016 年到 2018 年获客成本的变化，各大企业开始重新审视这种粗犷的拉新运营手段。

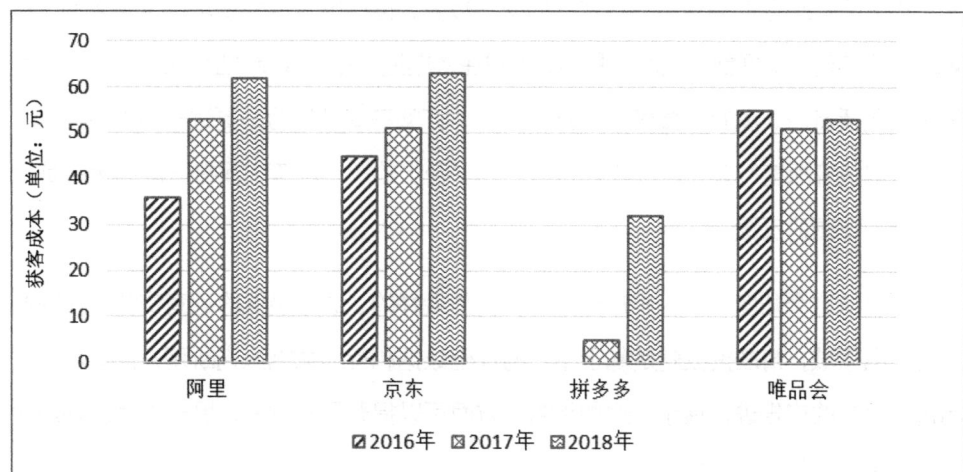

注：计算方式为当期营销费用与当期活跃用户相比。

图 1-4　主流电商产品获客成本变化情况

什么是运营？所有能把产品价值有效传达给用户的手段都是运营。诸如地推、线上营销、低价促销、现金补贴等都是运营手段，其中的关键是如何高效、精准地进行运营活动的开展，提高活动的投资回报率（Return on Investment，ROI），其中最为关键的是对用户真实需求的把握。一般产品运营人员通过对用户信息进行聚类进行用户分层，进而对不同的用户群体采取不同的运营策略。用户的信息一般包含四种：基础属性、用户行为、偏好属性和金融属性。

- 基础属性包括自然属性和社会属性两种。诸如年龄、性别、城市等都可以称为自然属性；是否有车、是否有房产、学历、职业等，均可以称作社会属性。
- 用户行为包含用户在线上、线下等各环节发生的交互行为，比如流量行为、社交行为、线下行为等。

- 偏好属性是指基于用户行为数据计算出来的用户偏好标签，比如购买力偏好、品类偏好、生活偏好、娱乐兴趣等。
- 金融属性是指与金融、交易等业务相关的用户信息，比如用户信用、消费风险、消费价值、财富价值等。

用户信息是通过采集用户与产品的交互数据，再按照一定的逻辑加工得到的，从Web端到移动端，再到现在的小程序，用户在各渠道、各平台会产生大量的行为数据，常见的包括点击、浏览、搜索、收藏、转发、订阅等基础行为，更进一步的有加购、支付、借贷等深度行为，每一步都是用户在平台上的一次决策，而每一次决策就是用户目标、意图的反馈。

所以从这个角度来说，用户数据其实就是最好的、成本最低的运营资源。在商业广告产品领域，精准投放就是基于用户的基础数据和行为数据来判断用户的喜好，进而选择对应的广告进行展示。这种策略一方面可以提升用户体验，另一方面能够最大化媒体主和广告主的收益。

1.1.2 到底什么是策略产品

随着互联网的发展，产品的形态也在慢慢演变，常见的诸如前台产品、后台产品以及中台产品，或是从企业组织架构上，或是从团队产品承担的角色上来进行划分。但是，对策略产品并没有一个具体的定义。

首先，从产品的形态来讲，策略产品存在的形式很多，但并不是以产品的物理形态或者与其他模块的协作方式进行划分，而是以产品的业务内核进行定义。我们经常看到的增长策略产品、营销策略产品、广告策略产品、推荐策略产品、搜索策略产品等，其实都是对其在所属产品线、业务线中发挥的具体作用进行概括。所以，你会发现策略产品有时候会涉及前、中、后各端，每一端的决策背后实际都是一种策略在支撑，所以策略本身其实是一种手段，不是一个组织或者一种职能。这是首先要有的一种认知。另外，大多数策略产品并不是独立的实体形式（比如 App、网页、小程序），而是某个业务产品中的一个模块。图 1-5 是淘宝 App 中的"猜你喜欢"模块，就是一个典型的推荐策略产品。

图 1-5　淘宝"猜你喜欢"模块

其次，策略产品的目标是什么？是对用户、流量运营目标的优化，只不过因为运营目标的不同，策略产品的实施方式不同。广告营销策略，目标是让更多的用户点击广告，因此会用到大量的用户基础属性数据，比如收入、地区、文化属性等；搜索推荐策略，目标是通过识别用户个性化的偏好，更高效、准确地把用户流量分发到对应物品上，提升订单转化率，因此需要用到物品数据和用户数据进行个性化推荐；定价策略，目标是让销量最大化，也需要用到大量的用户订单数据来衡量用户的购买力。

无论是哪种形式的策略产品，最终的目标是一致的，那就是实现用户、流量的高效转化，转化的形式可能是点击、加购、下单、支付等。

最后，策略产品的实施方式。熟悉互联网产品开发流程的人都清楚，一个产品从构思到落地大抵会经过用户/业务调研、需求分析、交互设计、产品方案制订、需求评审、开发测试、上线等流程，策略产品基本类似。不过需要注意的是，因为策略需求的种类不同，会导致整个实施流程有所差异。如果策略本身的目标是提升前端的用户体验，那么实施的过程会包含交互设计的环节；如果仅仅涉及规则、逻辑上的变更，那么就可能没有必要进行交互设计。

总之，策略产品很少存在独立的产品形态，都是在一个业务产品实体中发挥作用。另外，策略本身就是针对一类问题的解决方案，而这种手段常常是通过数据应用来实现的。因此，策略产品在笔者看来就是从业务、场景出发，以数据来赋能业务的解决方案。

1.2 策略产品经理画像

1.2.1 什么是策略产品经理

策略产品经理其实并不是一个新的概念，笔者刚毕业加入的一家公司就有"解决方案工程师"的职位，不过工作内容和产品经理还是有挺大差别的。发展到现在，策略产品经理逐渐有了更细、更垂直的划分，名称繁多。推荐策略产品经理、搜索策略产品经理、用户增长策略产品经理、定价策略产品经理、路线策略产品经理、地图策略产品经理等，基本是按照岗位主要职责来进行命名的，同时也和企业所在的领域有关系。比如路线策略产品经理，就是滴滴出行的一个岗位。但是无论是哪个行业、哪个领域的策略产品经理，他们的目标都是一致的。

很多人会拿策略产品经理和功能类、体验类的产品经理去对比，认为策略产品经理可能更偏"后台"，通俗来讲就是对技术要求较高，侧重于逻辑设计。比如：策略产品经理在搭建个性化推荐系统时，工作中涉及数据处理、算法、模型调优、召回、排序逻辑等，很多人把这些内容归为策略的范畴；推荐结果是 Feed 流（信息流）形式还是楼层形式、每一个结果上展示哪些元素等，则被认为属于体验、业务范畴，不属于策略产品经理的工作职责。这样分是有问题的，其实无论是前台、中台、后台产品，每一个决策的背后都需要策略的支持。

举个例子，在京东搜索"连衣裙"，每一张搜索结果卡片上展示哪些元素，其背后有若干策略支持。比如：考虑到用户体验，同时受制于卡片大小的限制，在有很多优惠信息的情况下，到底展示哪些信息？是具体的优惠券，还是满减信息？是通用优惠券，还是品类优惠券？再比如：在有若干促销价的时候，到底展示哪个价格？如粉丝价、渠道价、PLUS 会员价等，如图 1-6 所示。

图 1-6　京东"连衣裙"搜索结果页

所以，策略并不仅仅局限于后台逻辑层面，大量的前台产品同样需要大量的策略支撑。只不过随着时代的发展，这种策略可能不再仅仅基于我们经常用到的用户行为习惯和用户心理这些偏感性的角度进行决策，其背后更多的是理性的思考，依据就是大量的数据计算。数据使策略对用户行为习惯、偏好的计算更加准确，因此能够帮助产品价值、收益实现最大化。

为了能够更好地传播、更好地形成统一的认知，我们经常会对一个新的事物进行定义。但是，就如同讨论了十几年的产品经理定义一样，策略产品经理可能也没有一个公认的定义。不过，从广泛认知的角度以及结合行业发展现状，笔者可能会这样描述策略产品经理：策略产品经理能够持续不断地用数据去赋能业务，并且输出正确的产品策略。其中，有两个关键点：一个是从业务出发，一个是用数据驱动。

总之，策略产品经理最终是为策略的价值负责，关于价值的衡量还是需要回归到具体策略应用的业务，比如对于搜索的策略价值和定价的策略价值，衡量标准肯定是不一样的，即便都是搜索策略，如果应用在不同的场景中，其衡量标准也是不一样的。

1.2.2 策略产品经理的分类

在企业中，不管是团队，还是个人都有明确的职责分工和角色权限，这样一方面有利于企业管理，另一方面也能提升团队协作效率。与产品经理一样，策略产品经理同样承担着产品主导者的角色，肩负实现产品价值的目标。当前招聘市场上涌现出很多策略产品经理的机会，虽然名目繁多，但总体上策略产品经理可以依据三个因素分类，如图1-7所示。

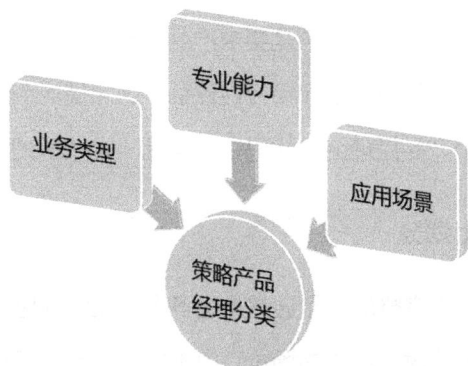

图 1-7 策略产品经理分类

1．从业务类型上划分

每个企业都有对应的业务领域，诸如电商、娱乐、短视频、人工智能、软件服务等，分别对应不同的业务流程和商业模式，策略产品经理的工作内容也就有所差别。诸如电商策略产品经理、广告策略产品经理、社区策略产品经理、短视频策略产品经理，都是从公司所属的业务领域进行划分的，从名称就能够推断出工作方向。

对于大型企业来说，除了主营业务，还有很多创新业务。比如京东，除了电商，还有房产、拍卖、旅行等业务，所以同样是电商策略产品经理，其工作内容也有可能不一样，都是通过产品部门所做的业务来界定。很多岗位在招聘时，除了在工作职责中进行详细描述，还会在岗位名称后面备注对应的业务，以作区分。

2．从专业能力上划分

除了从业务类型进行策略产品经理的分类，依据岗位要求具备的专业能力也可以进行区分，这种分类下的策略产品经理，要求具备某些领域的专业知识。比如：AI产品经理，需要具备基本的人工智能、机器学习等知识；推荐策略产品经理和搜索策略产品经理，则需要了解搜索推荐系统中常用的算法、模型，熟悉它们的基本原理和应用场景。

策略产品经理具备专业背景并不是要求产品经理掌握一门技术，而是要做到结合实际业务场景对技术应用的敏感度和可行性评估，这才是一个产品经理应该聚焦、发挥其价值的地方。一个产品经理会写代码，其实是一种资源的浪费。

3．从应用场景上划分

在实际工作中，一个完整的产品通常是由多个产品经理协作完成的，每个产品会分为若干模块，每个模块对应不同的场景，由不同的产品经理负责规划，比如：首页"为你推荐"模块、首页"秒杀"模块、搜索结果页筛选模块、订单结算页等。策略产品经理同样也可以按照这种方式进行分类，比如：路线策略产品经理，其主要工作内容之一就是产品为用户提供导航、出行服务的时候，规划起点和终点之间的路线；定价策略产品经理，则主要聚焦于对产品、服务等进行价格锚定时需要遵循的规则和逻辑等。

1.2.3　策略产品经理做哪些事情

和大多数产品经理一样，策略产品也是从策略需求出发，经过一个完整的需求分析流程，最终上线落地。具体到不同的业务，策略产品经理的工作内容不一样。比如：有的是优化内容分发逻辑，提高内容的阅读质量；有的是迭代排序算法，提升流量转化率；有的是设计产品前端展示策略，提升产品端用户体验和订单转化。在总体上，我们可以把策略产品经理做的事情分为如下几个类别。

1．优化业务问题

业务、产品问题优化是策略产品经理最常见的工作内容，是指在业务运行、产品运营过程中发现 Badcase（指存在问题的案例），通过产品端优化的方法来解决。一般有两种方式：对接业务、运营需求，以及产品经理主动发现优化点。

在业务、运营方面提需求是业务运营团队根据行业、企业发展要求，结合自身业务的实际情况做出的应对。这种方式是最传统，也是最常见的需求对接方式。策略产品经理作为需求被动对接方，最主要的工作就是衡量需求的合理性，在合理的前提下产出解决方案，而不是一锅端，因此，需要具备较强的沟通协调、逻辑分析能力。

产品经理主动发现优化点，是指基于数据分析或者产品经理自测发现的问题进行优化。比如：在某个关键词的搜索结果页中，排序前 10 个位置，有 6 个来自同一商家，且排序集中，很可能是排序逻辑中没有加入打散策略，由此带来流量分发不公平。这种问题点的发现需要产品经理具备较强的数据分析能力和专业知识储备，能够基于客观现象发现背后的实质原因。目前，很多产品团队开始鼓励这种工作方式，一方面是为了提升产品经理的各方面技能，另一方面是为了锻炼产品经理的主人翁意识，使他们主动对自己的产品负责。

2. 搭建公共平台

产品经理另一个重要的能力就是把零散的需求通过平台化的方式解决。在日常的工作中，我们经常会发现无论是业务人员提的需求，还是产品本身的问题，有很多是周期性且有规律可循的。如果每发现一个问题，就通过一整套的需求调研、分析流程产出解决方案对接研发测试团队，效率十分低，因此通过平台化的方式，把问题的解决方案转变为一些通用功能固化到平台上，从而提升问题的响应速度。这也是很多策略产品经理在做的事情。

策略需求中有很多可以通过平台化的方式去解决。比如在一些内容社区类 App 内，因为新闻的时效性很强，对于紧急事件的内容需要随时提升曝光量，甚至置顶，如果都通过需求对接的标准流程进行处理，对于产品和研发人员都是一种资源浪费，因此取而代之的是一个可对线上内容进行干预的平台，只需要给运营人员对应的权限即可进行操作，并且实时生效。图 1-8 显示了处理线上问题时，两种不同的响应流程对比。

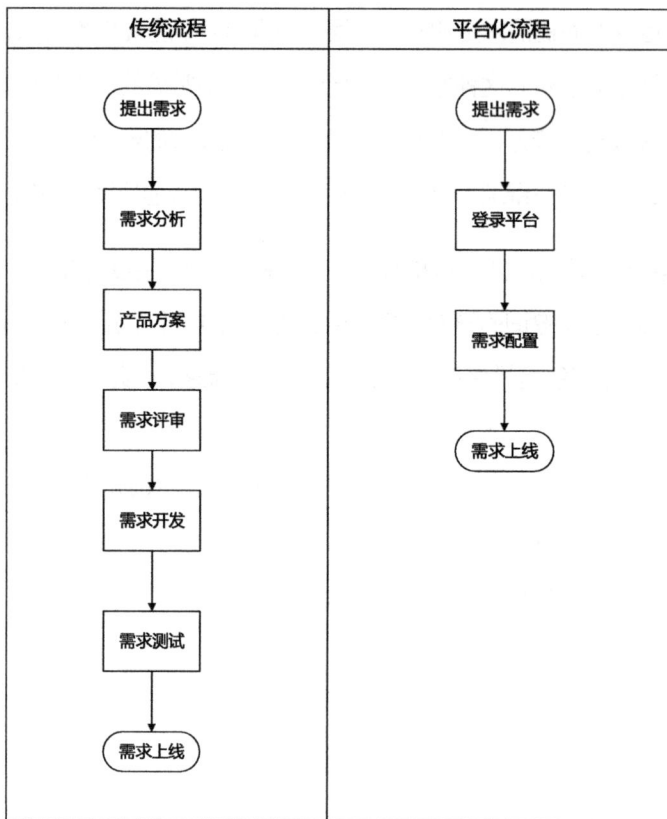

图 1-8　线上问题响应流程对比

通过平台化的方式去进行需求的承接，需要产品经理具备系统化思考的能力，把握需求之间的共性，且能产出系统化的产品方案。搭建公共平台，可以在一次性资源投入的基础上，达到多场景、多产品共用的效果。目前很多策略产品团队都有对应的策略干预、配置后台，就是为了提升策略需求的响应速度，高效解决线上问题。

3. 产品微创新

创新是一个经久不衰的话题，关于产品经理是否要创新仁者见仁、智者见智，这其中最关键的一点是对创新的认知。很多人认为的创新就是从马车到汽车，从汽车到飞机，但是这种机会在如今越来越匮乏了，因为随着整个行业、科技的进步，除了高精尖领域，和生活相关的领域中产品矩阵已经十分丰富了。所以，如果产品经理还抱有"做一款改变世界的产品"这种想法，也不是没有机会，只是十分艰难。

产品经理应该更多地关注微创新，最重要的就是要紧贴业务，出发点可以是提升业务运作效率、提高产品商业化能力等，任何一个细小环节流程的改善，任何一个小的功能点的增加，只要是对业务收益产生正向的激励，都可以称之为创新。这就要求产品经理特别熟悉业务的运作流程，并且能够发现其中可以优化的环节。

在 2018 年，笔者参加了一个人工智能相关技术应用的创新大赛。当时所在产品团队主要是做金融服务相关的平台，比如客服的外呼平台、销售线索管理平台等。在电话销售领域有一个质检的环节，主要是为了检测客服通话过程中是否有违规的现象，比如是否向客户索要私人信息、隐瞒金融条款等。传统质检业务主要是靠人工抽检的方式，由专门的质检团队每天抽查几百通电话，通过人工听录音的方式发现其中的违规点。这种方式存在非常明显的缺点：首先，效率十分低下，每天客服外呼次数可能高达数万次，而每个质检员一天只能听 100 通电话左右，所以会存在很多违规现象无法覆盖到的情况；其次，用户体验很差，一般都是客户蒙受损失之后才会发现违规点，会降低品牌的认可度。所以，基于这个现状，当时参加大赛的方案就是基于 ASR（语音识别技术）服务，通过规则库来匹配违规点，实时提醒客服通话过程中存在违规点，以便实时进行修正。一方面，提升了质检的效率，所有外呼电话都可以覆盖到；另一方面，真正做到了提升用户体验，实时进行客服违规提醒，避免客户蒙受损失。这种基于业务现状，从提升业务运作效率和收益的方向入手也是很好的创新，所以这次大赛取得了很好的成绩，更重要的是从大赛方案到产品方案的转变，成功应用到业务的运作当中。

1.3 数据是策略产品经理的武器

随着大数据时代的到来，数据不仅仅是软件程序中的"0"和"1"，同样在企业经营中开始发挥重要的作用。美国著名的商业杂志《福布斯》用一句话描述了数据的重要性："采用大数据、云计算和移动战略的企业发展状况超过没有采用这些技术的同行53%。"同样，数据也改变了很多岗位的工作方式，如果说代码是工程师"攻城掠地"的武器，那么，数据就是策略产品经理武装自己的砝码。

1.3.1 数据可以用来做什么事情

在人工智能领域，需要用到大量的数据进行模型的训练、测试；在地图领域，数据会被用在路线规划、路径导航等环节；电商从业人员，从选品到销售，再到物流，每个阶段都需要利用数据来决策。不同的领域、不同的岗位，数据的应用场景不一样，如图1-9所示，策略产品经理会利用数据来衡量产品价值，量化需求目标，进行数据参与计算以及产品优化迭代。

图1-9　数据在策略产品中的使用价值

1. 衡量产品价值

一款产品联结着企业和用户，企业的服务由产品作为载体传递给用户，因此，产品价值至少包括企业价值和用户价值两个方面。

经济学中对企业价值是从有形资产价值和无形资产价值两个方面来衡量的，通过数据来衡量产品给企业带来的资产增长，是最科学、最严谨的方法，也是能获得市场认同的方式。每年我们在企业财报中看到各种各样的数据，就是一种企业价值的传达，比如销售额、用户体量，这些价值的载体都是产品。

用户价值主要用来衡量产品为用户带来的体验。很多时候我们对产品用户体验的"好坏"只停留在感性的认识上，一个产品的界面设计美观，就认为该产品体验很好；一个产品的交互很流畅，那么它的体验也很好。但是，每个人都有自己的认知、观念，这对于需要多方协作的岗位很不友好，尤其是产品经理需要综合考虑业务、运营甚至老板各方的需求。这个时候，数据的客观性、公正性和严谨性能够使整个沟通过程更加有理可依，也能高效推动项目流程。

另外，体验的好坏不仅仅是指产品交互、界面设计是否足够优秀，用户的体验是全方位的。比如：对于打车软件，从用户下单到司机接单整个接驾环节需要的时长就是一个非常具体的衡量用户体验的指标。图 1-10 显示了价值在企业、产品、用户中的传递过程。

图 1-10　价值的传递

2．量化需求目标

处理需求问题占用了产品经理大部分的工作时间，无论是来自业务的需求，还是产品自发的需求，以至于产品经理很容易陷入"为了做需求而做需求"的恶性循环，尤其是业务迭代比较快的团队。因此，在接到需求之后，除了常见的用户调研、需求分析、方案制订，另一个很重要的环节就是衡量需求目标，通俗来讲就是满足了这个需求能为产品、业务带来哪些收益。

策略需求很多都是围绕提升业务收益进行的，或是流量增长，或是转化率提升，这些都可以通过数据的计算形成可衡量、可定义的指标。明确的目标不仅能够让团队成员明确工作价值，更重要的是需求的目标可能对产品、技术方案产生重大影响。比如搭建商品推荐 Feed 流时，目标是 CTR（点击率，等于点击次数除以曝光次数）最大化还是订单量最大化，算法团队采取的方案会不同。

3．数据参与计算

数据除了用于分析和论证，很多产品设计实际上背后都有大量的数据参与计算。比如：在搜索结果页中如何决定每个物品的排序？通常的做法是根据物品各个维度的数据表现，去综合计算出一个物品的得分，以此作为搜索结果排序的权重来决定每个物品的位置。对于商品来说，通过商品的点击量（率）、下单量（率）、好评率等特征以及不同特征赋予不同的权重来综合计算这个商品的受欢迎程度；对于内容来说，则可以通过计算浏览量、转发量（率）、点赞量（率）、互动量（率）来计算。

数据参与计算在策略产品中非常常见，无论是在数据预处理环节，还是在核心逻辑上。这是策略产品与其他形态的产品非常明显的一个区别。

4．产品优化迭代

产品优化迭代是优化产品体验、保障产品持续输出价值的重要途径之一。很多产品团队都会以敏捷管理的方式进行，典型的是"小步快跑"式节奏。如图 1-11 所示，常见的策略产品迭代触发场景包括：用户调研、业务驱动、Badcase 优化、数据分析等。其中，数据是策略产品迭代的主要途径之一，依据数据分析结果，发现问题并且通过产品迭代的方式解决。比如在推荐策略产品中，其核心指标 CTR 的变化趋势能够说明当前推荐效果的好坏。

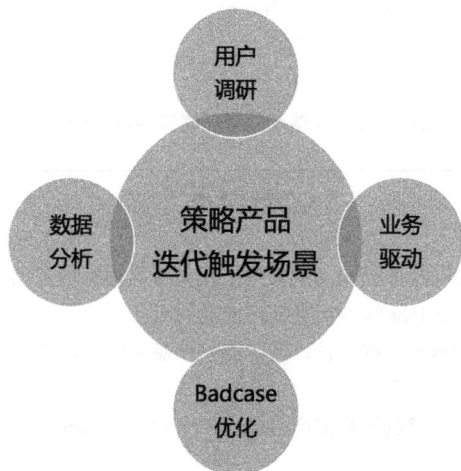

图 1-11　常见的策略产品迭代触发场景

1.3.2　数据产品经理与策略产品经理

在策略产品经理需求量增大的同时，另一类岗位——数据产品经理的需求量也开始逐渐增大，有些企业甚至会设有数据策略产品经理的岗位。我们来看一下数据产品经理的岗位描述，图 1-12 和图 1-13 显示了两种非常典型的数据产品经理招聘要求。

职位详情

1. 本科以上学历；
2. 3 年以上数据分析、数据平台产品等工作经验；参与或主导过大型数据平台 / 中台体系的搭建，有较好的业务抽象能力和系统设计能力；
3. 了解 Hadoop / Hive 数据库设计，熟练掌握 SQL、数据分析理念及工具，对数据平台的业务支持有较好理解；
4. 热爱数据，具有出色的数据敏感性和分析能力、快速的业务理解及学习能力，逻辑思维能力强，商业直觉敏锐，用户体验嗅觉出色；
5. 具有良好的服务精神、团队协作和业务协调能力；
6. 自我驱动、抗压能力强。

图 1-12 数据产品经理岗位描述（一）

职位详情

岗位职责：

1. 负责安全及体验相关的数据产品工作，根据业务需求，搭建门户、insight 等各类数据产品及看板；
2. 专注数据产品的设计，持续改善产品功能及用户体验，对产品最终结果负责；
3. 为整个部门赋予数据产品能力，作为专家指导部门的数据分析师；
4. 承接一部分数据分析的需求，并推动分析结果的落地。

任职要求：

1. 3 年以上数据产品设计经验，有数据分析经验且希望往数据分析师方向发展者优先；
2. 熟悉 Tableau 等看板制作工具，PPT 的构图和呈现能力出色；
3. 善于跨部门 / 团队沟通，有较强的系统思考、自我驱动和项目推动能力，具有追求极致的精神，能够站在用户视角审视、发现并快速解决问题。

图 1-13 数据产品经理岗位描述（二）

从上面的描述中，不难看出数据产品经理和策略产品经理的招聘要求有很大的不同，具体表现在以下几个方面。

1. 工作内容不同

工作内容不同的直接原因是需求不同。策略需求更侧重于业务运营、产品线等的问题的优化，而数据需求则更多的是数据 ETL（Extract-Transform-Load）链路上的。什么是 ETL？ETL 是用来描述将数据从来源端经过抽取（extract）、转换（transform）、加载（load）至目的端的过程。所以数据产品经理的目标是保证数据流转过程中每一个环节的质量，保证最终的数据是可信、可用的。这里的数据不仅仅是源数据，也包括由源数据计算出的指标。数据产品经理与策略产品经理工作内容的区别如图 1-14所示。

图 1-14 数据产品经理与策略产品经理工作内容的区别

2. 能力要求不同

对数据产品经理能力的要求可以从岗位描述中直观地看出来。数据产品经理要求具备基本的数据相关的技能，比如结构化查询语言（Structured Query Language，SQL）、数据库等知识，甚至有些企业会要求了解 Hadoop、Hive 等，从这些基本能力要求上也可以看出数据产品经理聚焦于数据流转过程中各个环节的处理。而策略产品经理则无须具备这些技能，策略产品更关注数据的应用。

3. 产出不同

数据产品经理的产出是以直观的数据结果来呈现的。数据结果的呈现方式有很多种，常见的有：指标类、报表类以及可视化产品。指标类数据是指基于源数据、根据统一的计算口径形成的一套各业务部门公认的数据，比如成交总额（Gross Merchandise Volume，GMV）、用户统计数据、订单统计数据、点击率等；报表类数据一般是为了满足业务运营方的数据需求，例如周期性产出报表用于业务经营支持；可视化产品则是指将指标类数据报表中需要统计的字段通过客户端进行呈现，提升数据查看的便捷性。策略产品经理的产出则更多是以方案的形式，结合业务产品的实际应用场景来呈现，比如：后台计算逻辑（比如排序逻辑、人群画像计算规则等）、前端产品（比如"猜你喜欢"Feed 流、搜索结果页等）。

1.4 如何成为一名策略产品经理

如何成为一名策略产品经理？这个问题通常比较难回答，因为没有统一的标准答案，而且极其容易引起争议。所以这一节的内容不是讲解成为一名策略产品经理的方法，而是尽量从实战的角度来总结一下策略产品经理通常需要具备哪些能力，以供大家进行自我校验，找到合适的方向。

首先要明确的一点就是，策略产品经理本身也是产品经理细分出来的一个岗位，所以产品经理岗位要求的一些常见的能力同样适用于策略产品经理，比如大家经常提及的逻辑分析能力、沟通表达能力等。除了这些基本的能力，策略产品经理更需要具备下面几种能力。

1.4.1 应用数据解决问题的敏感度

越来越多的产品经理开始用数据来衡量产品上线效果，以及使用数据去进行方案决策。这是一个非常好的现象。数据是最为客观公正的，也是效率最高的一种交流沟通方式。大多数的产品经理都会关注产品各种维度的数据指标，以此来衡量自己所负责模块的效果。但是，策略产品经理除了关注数据表现，更需要关注数据的应用，简言之就是具备用数据处理问题的主动性和敏感度。

举个例子，目前用户进入小程序之后的停留时长普遍不会超过 1 分钟，那么，对于一个电商交易类的小程序，如何在这么短的时间内把用户留住，并且完成后续的交易流程？常见的方案可能是首页新增若干功能，比如小游戏、红包、签到积分等，来吸引用户留在小程序内。但是，这些看似能增加黏性、留住用户的方案，实则是锦上添花。因为对于用户来说，进入电商类的小程序，最关键的是能不能在短时间内看到愿意下单的商品。

对于策略产品经理来说，留住用户这个目标可以按照如下步骤拆解：

- 用户是谁？
- 用户可能的目标是什么，想看到什么？
- 怎样给用户展示对应的物品？
- 展示后的效果是什么样的，怎样衡量效果？

这几个步骤中最关键的就是"用户是谁"。考虑这个问题并不是从社会学的角度去认识这个用户，而是去识别用户进入小程序想要看到的商品，或者是他的兴趣所在。常说一个人的行为最能表明他对这件事情的态度，那么衡量用户对小程序的"态度"也可以通过用户的行为来完成。对于老用户来说，在平台上的每一次点击、每一次浏览、每一次下单都代表了用户的一次行为和对当前物品的一种态度，即感兴趣还是不感兴趣。所以，根据用户在平台上的行为数据去判断他们可能的兴趣点，然后在醒目的位置把与兴趣点相关的物品推荐给用户，必然会起到很好的转化效果。这也就是用户偏好的来源。对于新用户没有这些数据怎么办呢？这里留给大家一个思考题，除了用户行为数据还有哪些数据可以用来猜测或者标定一个用户的偏好？

数据应用，目前大多数的产品经理仅仅停留在把数据当作证实或者证伪的一种工具的阶段，最终还是回归到主观决策上，而不是让数据自发去决策进而决定给用户提供什么功能、什么服务。这种主动应用数据去解决问题的敏感度，作为策略产品经理是要去刻意锻炼的。

1.4.2　策略产品化思维

怎样去做一款产品？相信每个产品经理脑海中都会浮现出一个相对完整的流程。从规划、调研、分析、做方案、落地，到最终上线迭代，做一款产品需要进行全流程的跟进。虽然策略从形态上来讲没有固定的形式，但是一个策略从提出到落地，这些流程同样不会少，如图 1-15 所示。

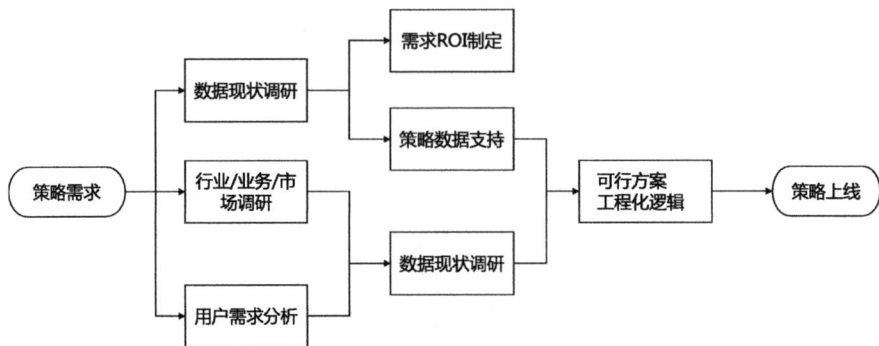

图 1-15　策略落地流程

策略是在某个业务场景下，解决某个问题的方案，因此在产出策略之前，必不可少的就是对背景的调研。一般的产品调研主要集中在用户、行业以及业务三个方向上，但是，对于策略需求更重要的是需要进行数据调研。为什么要进行这一步？主要有以下几点考量。

①了解当前指标现状，明确策略上线后的 ROI，制定核心指标用作后续迭代依据。比如一个推荐模块的 Feed 流，如果项目的主要目标是提升流量的分发效率，那么必

须调研一下当前流量的转化率，常见的指标如 CTR、CVR 等。

②明确底层数据是否足以支撑策略的开发。如果实施过搜索、个性化推荐等策略，就会发现这些策略的本质还是数据的流转，从源数据开始到一个可供展示的数据结束，而用户看到的结果只不过是一个数据的可视化过程，所以当前业务的数据质量会直接决定策略的可实施性。注意与一般意义上的可视化看板不同，这里的可视化是指把数据用一定的产品形式进行展示，比如一张卡片，上面有价格、商品标题、优惠信息。图 1-16 是淘宝搜索结果页的一张卡片，就是把搜索结果数据可视化的过程。

图 1-16　淘宝搜索结果页卡片

在策略产品的实施过程中，一般主要关注用户、物品、事件的相关数据是否都具备，且是否可进行分析处理。策略在具体的落地过程中实际就是一个数据工程化逻辑的实现，而保证数据质量最主要的手段就是高质量的埋点，关于这块知识将在第 2 章进行讲解。

③需要依据数据、业务产出策略。这是最直接，也是最重要的一个环节。笔者做搜索推荐策略产品时，遇到过很多这样的情况，当讲完一个方案时，有些同事就会问为什么不用一些算法，尤其是技术同事，更关心方案中是否涉及一些前沿的技术。在很多人的潜意识当中，觉得没用算法的策略不会起到好的效果，但是好的策略不一定就等于"高大上"的算法。还是那句话：撇开业务谈策略都是无源之水，如何验证策略的准确性，以及如何保证制定策略的方向准确，答案就是数据。

1.4.3 专业领域知识

一切解决问题的方案都可以称作一种策略，但并不是说策略产品经理可以解决所有问题。正如 1.2 节讲到的策略产品经理根据业务领域的不同，工作方向和内容的不同，会区分为很多垂直方向。今后产品经理这个职位无论是从职能上，还是专业能力的要求上都会更加细分，不会一刀切。

因为岗位职责的细分，所以对策略产品经理的能力要求也会差别很大。搜索推荐策略产品经理，需要熟悉常用的搜索推荐算法的应用、用户标签和画像的应用等；增长策略产品经理，需要对该行业有较深的积累和认知，能够熟练运用一些常见的用户运营手段；定价策略产品经理、路线策略产品经理等，则需要具备一定的经济学知识。在想要进入某一领域做策略产品经理的时候，需要具备该领域要求的专业知识，这样才能真正用策略来解决问题，这个趋势今后会越来越严格。

1.5 策略产品经理应避免陷入流量数据的怪圈

流量对于策略产品的重要性不言而喻。首先，策略是基于数据运作的，无论是策略调研阶段，还是制订策略方案都需要用到数据，有流量就意味着有数据。其次，策略需要具备验证条件才能看到其真实效果，没有流量的策略是没有说服力的。因此，流量是策略产品经理的另一个标签。但是，在实际的工作中经常会发现有很多产品经理对流量有些错误的认知。

1.5.1 流量越多越好

策略产品经理经常会收到这样的需求，"我们这个活动预计会带来某某利润，所以需要给到足够的流量"。这是很多产品运营人员经常提的需求，尤其是在一些大平台上。因为涉及的业务线很多，平台不可能把所有流量都分配给其中一条业务线，所以势必会涉及流量争抢。

类似淘宝、京东这种大平台，一个公司可能有几十条业务线，每条业务线会在各自的 App 上争取更多的曝光机会，越多的曝光机会就意味着越多的流量。图 1-17 就是京东 App 首页上的入口 icon，每一个 icon 背后能就是一个独立的业务部门。

图 1-17　京东首页 icon 列表

在目前单个客流成本居高不下的前提下，每个企业都会想方设法投入巨大的财力、物力和人力去获客。但是有时候我们会发现，流量多了，企业的利润却并没有增加。笔者认识的一个做非常小众的 O2O 业务团队，为了引流，花费了巨大的财力与一个大的企业平台合作，一方面，平台会给他们导流，从而能够快速启动业务；另一方面，平台也补齐了自己的业务线，在一定程度上可以完成业务闭环，增加流量价值。看似一件"双赢"的事情，结果却并不怎么令人满意。

虽然这次合作带来的流量很多，但是当时他们为了能够尽快启动，活动的落地页没有经过精心的设计就草草上线，导致很多用户反馈进来以后不知道搜索入口在哪儿，找不到自己想要的东西。另外，由于奖品库存不足，很多活动奖励无法兑现，极大地影响了用户情绪。

所以，流量多就一定会好吗？从一定程度上来说，流量越多对于业务来说产生的价值就越大，对于免费流量这毋庸置疑，但是如果是付费流量，就需要衡量做获客这件事情的 ROI 了。因为获客的最终目的是提升转化率，所以需要考虑自己的落地页是否能够承接这么多的流量。另外，需要衡量业务目标受众和获客渠道的用户群体是否匹配，否则就是竹篮打水一场空。策略产品经理在解决流量分发的问题上，不仅仅需要看每个渠道得到的流量多少，更要关注流量分发的质量。

1.5.2　数据的使用需要结合实际的场景

产品经理在日常工作中用数据衡量产品上线效果，基于数据分析结论去指导产品决策，数据不仅仅成为一种公认的标准，而且在需求沟通、项目推动等环节中发挥着越来越重要的作用。但是，有时候数据并不能解决一切问题。

曾经笔者所在的团队尝试在一个 Feed 流里面找一个好的位置作为广告位进行流量商业化。提取了近一个月的线上数据，发现某个位置的 CTR 很高，因此判断如果把这个位置用于广告展示，应该会产生很高的转化率。但是，上线一段时间后发现，效果不如预期，通过调研，结合 A/B 测试结果，发现很多广告商提供的广告创意素材与 Feed 流中的其他卡片调性不符，比如卡片元素、标题设置等，因此很容易被用户忽略。

在我们做增长、做运营的时候，很多活动都会制定一些指标来衡量活动效果，但是在一种场景下的效果并不能代表其他业务场景下的效果，数据指标在使用过程中需要结合实际的业务场景，尤其是在不同业务进行交叉验证的时候。

1.6　小结

首先，本章讨论了关于策略产品经理的行业背景。随着互联网红利的消失，流量见顶，企业增长成本越来越高，传统的增长策略已经无法有效地促进业务增长，因此各大企业开始注重企业存量用户的经营。策略产品经理就是在这个大背景下，基于用户的线上线下行为数据，寻找业务发展的突破点。这样做旨在让大家先对策略产品经理有一个大概的认知，它本不是一个从无到有的职位，是随着整个时代的发展、行业的变革衍生出来的。

其次，结合传统前台、中台、后台三种产品形态，对策略产品形式进行了探讨。策略产品本身没有一种固定的产品形态，可以是一个有形的界面，也可以是一种无形的逻辑，其本质就是一种解决问题的手段。策略的实施者——策略产品经理，其价值定位就在于不断地输出正确的策略，推动业务的增长。这其中业务是基础，数据是手段。

再次，讨论了在策略产品经理的工作中使用数据的场景：衡量产品价值、量化需求目标、数据参与计算以及产品优化迭代。同时就数据产品经理与策略产品经理的区别进行了讨论，虽然两者在目标、能力以及产出上有所不同，但是本质上都脱离不了为业务赋能。

最后，针对策略产品经理的能力要素分别从通用力和专业力两个角度做了阐述，让打算从事这个行业的读者有一个大概的判断和学习方向。

第 2 章

策略产品经理需要掌握的
知识体系

伴随着移动互联网的兴起，产品经理在各大企业中的需求越来越旺盛，但是因为没有统一的衡量标准，很多人不经过深思熟虑就选择加入这个行业，导致这个岗位出现了良莠不齐的现象。在互联网行业有一个关于找工作的"哏"：如果你不懂技术，还想获得高薪，那么可以去当产品经理。

笔者一直觉得产品经理应该有一套完整的知识体系，且具备相关的技能，这样才有利于这个行业良性发展，也有利于增强自身的竞争力，降低不同岗位之间的沟通成本。比如：推荐策略产品经理需要具备一定的技术素养，这里说的技术素养并不是要求策略产品经理会写代码，而是了解常见的算法模型原理，并清楚其应用场景及优势、劣势。

处在不同行业的策略产品经理的知识体系不尽相同，比如商业广告策略产品经理需要具备广告投放相关的知识，定价策略产品经理则需要了解一些经济学常识。这一章主要对策略产品经理需要掌握的一些通用知识体系进行阐述。

2.1 产品埋点，数据驱动的源头

产品经理无论是在进行需求澄清，还是在进行产品版本迭代的时候，都会面对领导以及研发、测试、设计人员等的无数个"为什么"。为什么要把这个楼层放在另一个楼层的上面？页面为什么要这样设计？这个时候如果仅仅凭感觉、道理是无法有力说服对方的，长而久之会降低自己的影响力。同时，也无法形成正确的产品方法论，对自己的职业发展也颇为不利。所以，用数据说话成为业界的共识。

运用数据的前提是保证数据的质量，最基本的要求就是有数据，而埋点是收集线上数据最主要的手段。

2.1.1 埋点的一些基本概念

很多企业的产品部门和数据部门是分离的，产品经理如果要做数据分析，需要向数据分析部门提出提数需求，由数据工程师提数之后交付产品经理使用，两端各司其职。至于是否能提到、提到的数据是否准确，其实产品端是模糊的，所以还是有必要先简单聊一下到底什么是埋点。

如果非要给埋点下个定义，笔者大概会这样定义它：数据埋点是数据产品经理、数据运营人员以及数据分析师，基于业务需求或产品需求对用户在产品内产生行为的每一个事件对应的页面和位置植入相关代码，并通过采集工具上报统计数据，以便相关人员追踪用户行为，进而推动产品优化或指导运营的一项工程。

它如同城市中的摄像头一样，如图 2-1 所示，每一个摄像头就是一个埋点，监控着这个区域发生的一切并且存储下来，满足交通、市政、企业等各相关行业的管理需求。我们在开车的时候，交通电台广播的实时路况其实就是基于每个道路上的摄像头反馈的车流情况进行分析的。

图 2-1 道路上的摄像头监控路况

这样就好理解了，其实对一个产品进行埋点就如同实施一个监控系统的过程，整个系统会有一个统一的中枢系统用来传输数据、收集数据、分发数据，数据收集的源头就是在需要监控的点安装的摄像头，有一个点就需要安装一个摄像头。

1. 常见的埋点方式

目前埋点的主流方式有两种：一种是利用第三方统计工具进行埋点，市面上常见的友盟、TalkingData、GrowingIO 等，这些平台都可以提供埋点和数据统计服务；另一种是自定义埋点，通过代码实现。

第一种方式比较适合中小企业，在业务发展初期，无论是从资源还是紧急性的角度来看，这种对接第三方统计平台的埋点方式更加高效。一般来说，第三方平台都会给到现成的操作端用来进行可视化埋点，主要包括选择埋点位置、埋点标识、埋点路径、统计方式等，但是受平台能力以及规则的限制，其弊端也是显而易见的，基本只能满足最基础的、通用的数据采集需求。

第二种方式一般在大的公司中发展成熟的业务线时采用。这种方式需要投入较多的产品、研发资源，优势也很明显，产品研发团队能根据自身的数据需求进行个性化埋点方案的开发。同时，很多企业从数据安全性的角度考量也会采用第二种方式来进行埋点。所以接下来将着重介绍这一部分。

2. 自定义埋点的手段

就如同摄像头是监控视频的采集工具，产品端数据的采集同样需要相应的采集工具，而且不同的产品形态，有不一样的采集手段。目前常见的平台通常包括移动端、PC 端、移动设备和服务器四种平台。

- 移动产品，经常被称为移动端、M 端，包括手机 App、内嵌 HTML5 页面、小程序、WQ 页面等。
- 网页产品，经常被称为 PC 端，通常包括 Web 页面、PC 客户端等。
- 移动设备，即移动终端，比如智能手环、POS 机等各种智能设备，掌上电脑。
- 服务器，一般是指服务端的计算资源。

各种平台常见的采集工具如表 2-1 所示。

表 2-1 不同平台常见采集工具

渠道类型	平台形式	前台页面	采集工具
移动端	手机 App	移动 App	JS
	内嵌 M 页	HTML5	JS
	M 站	Web 页面	JS
	微信	Web 页面	JS
	微信小程序	Web 页面	JS
	QQ	Web 页面	JS
PC 端	PC 站	Web 页面	JS
	PC 客户端	客户端	JS
移动终端	智能设备	移动硬件	SDK/HTTP
服务器	服务接口	服务接口	HTTP

HTTP 和 SDK 就不多讲了，大家了解得比较多，下面主要说一下 JS 这种比较常用的采集工具。JS 采集工具是指嵌入网页源代码中的一段 JavaScript（简称 JS）代码，通常公司的数据部门会有现成的代码文件供其他业务线直接引用，不同的产品端会定义不同的引用规范，策略产品经理需要明确当前实施埋点的产品形态，并且同研发人员约定好具体引用规范。

3. 埋点的分类

按照获取数据的类型以及用户触发行为的不同，埋点一般可以分为以下几种：点击事件、页面事件和曝光事件。

（1）点击事件

用户在产品内的每一次点击行为，都可以记为一次点击事件。比如按钮的点击、区域的点击、商品的点击、每一条新闻内容的点击等。

通过点击事件，可以了解到用户在一个产品内的操作热点，明确用户使用产品的主要路径。另外，通过一定的统计规则，可以得到每一个点的点击次数（Click PV）、点击人数（Click UV）等数据，基于这些点击基础数据，去计算点击转化率等指标。

（2）页面事件

页面事件通常是指对页面进行的各种维度的数据统计，常见的有页面浏览次数（PV）、页面浏览用户量（UV）。在页面事件中除了有关量的数据，还包含很丰富的用户当前浏览的上下文信息。①浏览器信息：浏览器版本、浏览器语言、浏览器编码、屏幕分辨率等。②访问信息：用户账号、当前页面统一资源定位符（Uniform Resource Locator， URL）、上次访问时间、访问时长、页面停留时间等。③来源信息：广告来源、上一页面 URL 等。④物品信息：主要是物品的一些基本属性数据，不同的业务，这部分信息区别很大。这些信息在搭建策略产品的过程中起到至关重要的作用。

（3）曝光事件

曝光事件用于统计产品内的某些局部区域是否被用户有效浏览，比如某个区域、某个按钮、活动入口等。

举个例子，一般来说我们在衡量页面某个区域用户的点击率的时候，首先需要搞清楚的就是这个区域到底被多少用户看到了，每被用户看到一次就是一个有效的曝光事件，然后才能计算点击率。

做曝光埋点的时候需要注意两件事情：第一，对"有效曝光"的定义要科学合理；第二，为了不影响页面性能以及用户体验，不能在产品内的所有区域都加曝光埋点。曝光埋点是一种独特且非常有用的埋点，做好曝光埋点不容易，后面会有单独的一节进行讲解。

4. 埋点的意义

埋点就是一种数据采集的手段，最直接的目标就是保证数据收集的质量。尤其对于策略产品而言，数据是策略产品搭建的基础。因此，如同交互设计对于产品体验而言是一种基础设施和必经步骤，埋点对于策略产品而言也是一种基础设施。

第一，通过埋点可以了解用户行为，如用户的使用习惯、用户的决策路径、用户的注意力分布等。比如在一个电商 App 上，用户从进入 App 开始到完成下单会有很多流程。

①首页—搜索—搜索结果页—筛选—点击商品—商品详情页—加购按钮—购物车—提交订单—支付。

②首页—为你推荐—点击商品—商品详情页—立即购买—提交订单—支付。

③首页—频道页—商品列表—点击商品—商品详情页—立即购买—提交订单—支付。

以上仅仅列举了几种最常见的下单流程，都是非常典型的流量漏斗模型，细分的话还有更多。其中，怎样判断用户的主要决策路径，以及具体有多少比例的用户选择该路径下单，都需要通过埋点来实现数据采集。

第二，通过埋点来支持产品经理了解产品体量、用户群体、产品所处的生命周期、数据趋势等。无论是 PV、UV、DAU、MAU 等流量数据，还是订单量、转化率等基础指标，或是更细致的数据指标，都需要通过埋点来获取。

比如对于一个内容社区的内容 Feed 流，策略产品经理除了需要获取所有内容点击量数据，还需要通过获取具体到每一种内容的点击量来明确用户偏好，辅助策略迭代。新闻类内容的点击量有多少？娱乐类内容的点击量有多少？这时候就需要埋点来支持，除了需要添加具体的点击埋点，还需要在埋点的时候增加相关信息，来上报用户点击内容的具体分类，从而对每一类内容的点击量进行统计。具体的埋点方案在后面的章节再阐述。

第三，支持产品决策，比如新功能的上线、旧功能的迭代优化等。这其实也好理解，正如前面说的，为了避免拍脑袋做需求，让自己的方案更具说服力，大多数产品经理都开始基于数据去做产品的迭代。但是当产品缺失埋点的时候，依据数据去做产品迭代就无从谈起了。

2.1.2　埋点基本流程

不同的公司自定义埋点的流程可能不甚相同，但是总体的步骤是一致的，否则数据迟早会出问题。一般来说，埋点的基本流程包括如下几步：设计埋点方案、埋点代码植入、埋点测试、线上数据跟踪。

1. 设计埋点方案

埋点方案如同产品需求文档（Product Requirements Document，PRD）一样，它是对埋点实施方法的说明，研发工程师可以按照该文档进行埋点的开发。由于采集事件的不同，埋点方案也可以分为三种：点击埋点方案、页面埋点方案和曝光埋点方案。下面以点击埋点方案为例介绍一下策略产品经理如何撰写一份合理的方案文档。

点击埋点方案涉及用户点击事件的统计数据，下面以普通商品详情页加购按钮为例说明一下点击埋点常见的方案。通常采集一个用户的点击行为需要以下信息：*产品标识、埋点位置、页面名称、埋点标识、埋点参数*。

产品标识：是指当前产品的唯一标识，也叫站点（website），主要用来进行数据归属划分。一个大的企业在一个产品内通常会涵盖很多条业务线，所有用户在上面产生的点击、浏览行为数据通常会以一条一条日志的方式进行存储，形成点击行为基础日志表、浏览行为基础日志表。但是对于每条业务线来说，不需要关注用户在其他业务中产生的数据，所以需要从基础日志表中对属于各业务线的数据进行筛选，产品标识起的就是这个作用，如图 2-2 所示。

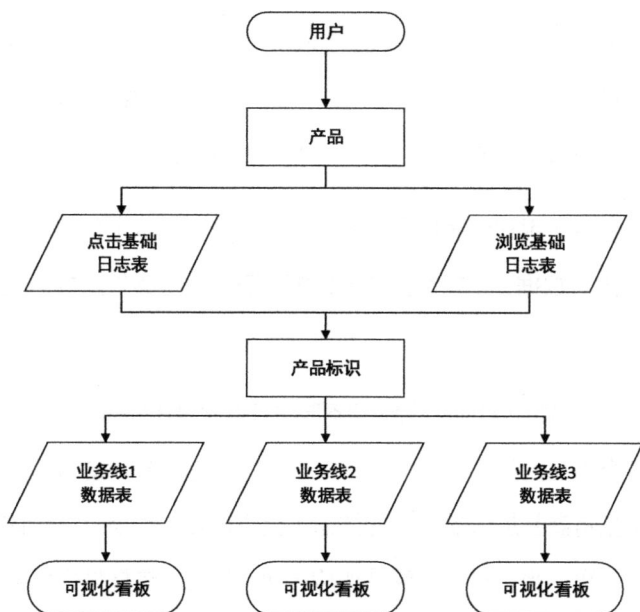

图 2-2　数据细分流程

埋点位置：即需要添加埋点采集数据的位置，比如页面上的按钮、搜索结果的每一张卡片、推荐位上的每一张卡片、每一个曝光区域等。

在定义埋点位置的时候，需要注意具有相同名称按钮的位置定义。加购按钮可能不仅仅在商品详情页出现，有时也会在商品列表里面出现，所以需要区分，让研发人员能够清楚定位到当前的埋点方案对应的具体位置。

页面名称：是指当前埋点所属的页面，有这个才能定位到当前埋点的位置属于哪个页面。一般页面名称和埋点位置需要结合使用，通过页面名称和埋点位置名称基本能够确认某一个埋点的具体位置。具体示例如表 2-2 所示。

表 2-2　埋点方案示例一

埋点位置	页面名称
加购按钮	商品详情页
加购按钮	频道列表页

埋点标识：每一个埋点位置上面都需要设置一个埋点标识来代表这个点击位，类似代码里面的变量名，必须是全站唯一的，不能出现重复。有时候我们看网站源代码，会发现有一个名为 event_id 的字段，这就是埋点位置标识。

埋点参数：是指在用户到达这个位置、页面或者点击这个位置的时候，除了常见的 PV、UV 这些流量数据，还想看到其他数据，获取这些额外的数据通常是为了满足具体的业务需求。

举一个常见的案例。营销人员需要经常统计每个类目下商品被加入购物车的数量，用于了解每个商品的线上销售情况，以便进行库存管理，这时就需要在商品详情页的加购按钮（指将商品加入购物车的按钮）上添加点击埋点，统计该按钮的点击次数，用户每点击一次相当于对当前商品加购一次。但是，这样做仅仅能统计出所有商品的加购次数，并不能区分出具体对什么类目下的商品进行加购，所以在用户点击加购按钮时除了需要上报点击数据，还需要上报当前商品的类目信息。因为类目信息是随着按钮点击数据一起上报的，所以无法单独定义一个点击埋点，这时可以在定义加购按钮的点击埋点方案的时候添加一个"类目"参数，即埋点参数。通常我们在查看网站源代码的时候，会看到一个名为 event_param 的字段，这就是埋点参数的字段，用来上报除点击数据外的其他数据。

综合以上描述，一个商品详情页加购按钮最简单的埋点方案如表 2-3 所示，实际实施中的埋点方案会比这复杂很多，比如对于电商类的业务还需要设置订单标识用来统计订单来源。

表 2-3　埋点方案示例二

站点编码	页面名称	埋点位置	埋点标识	埋点参数	备　　注
20200115	商品详情页	加购按钮	AddCart	类目 id_skuid	类目 id 为三级类目 id

产品的埋点方案通常由产品经理来进行梳理设计，之后需要协同负责数据的同事进行确认、核对，保证方案的可行性。如果企业有对应的数据看板，通常还需要把埋

点方案上传到看板后台,以支持前端可视化展示。

2.埋点代码植入

不同于采用摄像头这种硬件来支持信息采集,数据的采集工具通常为代码。埋点代码等同于一个监控系统的中枢,可以说是整个产品埋点的引擎,控制着埋点的数据的采集和上报,只有它才能够在用户与产品发生交互的时候上报点击位信息、曝光信息、页面信息等。

对于不一样的产品形态,需要采取不同的埋点代码植入方式,通常有三种——JS文件、SDK、HTTP 请求,具体对应什么平台,见 2.1.1 节,通常情况下采用的都是JS 文件。对于有统一数据中台的企业来说,一般由数据部门来定义引用规范、完成采集工具的开发,作为业务方,直接调用即可。

埋点代码的植入通常由研发人员来进行,产品经理在做埋点方案时,需要明确实施埋点的产品形态,从而确认需要引用的文件类型。

3.埋点测试

埋点测试是指完成埋点的研发之后,需要对埋点的有效性进行测试。这是保证埋点质量、产品上线数据可用的重要环节。通常关注几个部分的内容:

- 采集工具是否正确引入,包括文件类型是否匹配当前产品形态、文件的位置是否正确等。
- 点击位以及相关事件参数是否加入埋点。
- 数据能否正常上报,比如在打开某个页面时,如果页面的 PV 数值并没有增加1,就说明数据无法上报。

一般在大型的公司中都会有专业埋点检测工具用于测试。除了专业的工具,还可以通过使用浏览器自带的开发者工具来观察每一次浏览、点击的数据上报情况,从而确认埋点是否满足数据需求。

埋点测试通常由测试工程师来进行。需要注意的是，目前大多数测试工程师潜意识中还是把功能测试作为主要测试内容，埋点测试的意识还没有建立起来。这主要是因为数据意识淡薄，所以产品经理在埋点开发完毕后，也需要把关一下埋点测试环节，共同保障埋点的准确性。为埋点负责，就是在为数据负责。

4．线上数据跟踪

埋点开发上线之后需要及时跟踪数据情况。一方面，数据的根本目的是满足展示需求。对于产品经理而言，数据既是一种产品上线后衡量效果的客观验证方式，也是后续进行产品迭代方向决策的依据；另一方面，线上数据跟踪也是验证埋点是否有效的关键所在。如同产品功能经过测试之后偶尔还是会出现线上 bug，埋点测试完成之后依然会出现数据无法准确上报的情况，所以需要时刻关注线上数据情况。

很多企业会提供对应的数据可视化产品用于产品上线后的数据展示。如果采用第三方统计工具，也会提供对应的可视化平台，可以很便捷地用于线上数据追踪。另外，对于策略产品经理，数据必须每天一看，一是为了验证策略上线后的效果到底是正向的还是负向的；二是从当下的数据状况中试图发现一些新的优化点，这也是策略迭代的重要来源。

2.1.3 埋点注意事项

埋点是获取用户行为数据的主要方式，而用户行为数据是策略产品搭建的基础。笔者曾经在一个新业务线上搭建策略产品之前，用了将近三个月的时间把该业务各端的产品埋点进行重新设计开发。本小节回顾一下这个过程中踩过的一些坑，希望给读者一些启发。

①埋点方案设计的时机要把握好，一般产品设计稿确认完毕即可开始进行埋点方

案设计，因为此时产品页面、点击位、曝光区域等的埋点需求十分清晰，可以避免频繁更改埋点需求。另外，埋点方案也需要及时和开发同步，以防止相关的埋点参数接口取不到。上面的例子中，如果用户在点击"加入购物车"按钮时想获取当前商品的类目信息，类目这个参数是需要由后端接口传递的。

②数据有问题，尤其是源数据，一般都是埋点的问题，而且在大多数情况下，埋点测试中的疏忽是导致埋点问题的主要原因，因此策略产品经理除了进行埋点方案设计，还需要对埋点测试结果进行把关验证，否则会有很大的白埋率。白埋率是用来衡量埋点质量的一个指标，比如一个版本有 100 个点击位需要进行埋点，但是实际上线只有 49 个点击位的数据能够正常上报，那么白埋率就是 51%。

③点击位的埋点标识需要保持唯一，否则数据统计会出现问题，例如一个点击位上的数据统计为 0，另一个点击位的数据是两个点击位的点击量之和。

④使用正确的埋点采集工具。如同前面小节介绍的那样，不同的产品形态需要嵌入的埋点采集工具不一样，需要按照企业数据部门的规定进行正确的引用，否则即使埋点方案做得再好，也无法收集到数据。

⑤上线后一定要验证数据上报的准确性。即使埋点方案、埋点测试阶段均验证通过，产品发版、代码部署等环节带来的不确定因素也很可能会导致采集工具运行异常，导致上线后数据上报失效。

总之，策略产品经理在进行产品埋点的时候，需要把握几个关键的时间点：设计稿、提测和上线。设计稿确认之后就需要开始进行埋点方案的设计，提测之后作为产品经理也需要对埋点效果进行验证，上线后随时关注线上数据情况。同时，在实施产品埋点的过程中把握住一点即可：想看什么数据，就埋什么点，埋点一定是为数据服务的。

2.1.4 曝光埋点

前面几节介绍了产品埋点的一些基础方法和注意事项，按照埋点采集的数据类型不同，可以把埋点采集的事件类型分为点击事件、页面事件以及曝光事件。但是，与点击事件、页面事件不同的是，曝光事件的存在感通常很弱。顾名思义，点击埋点就是采集与用户的点击行为相关的数据，页面埋点就是采集与用户浏览页面相关的数据，但是曝光事件好像无法套用类似的定义。那么到底什么是曝光埋点？

我们先看一个例子。为了配合运营活动，需要在首页的中部位置放置一个活动入口的 banner 图，给这次活动引流。对于首页的产品经理来说，需要衡量流量的分发效率，因为资源有限，同样的楼层给到更好的活动就可以提升每一部分流量的价值；对于运营人员来说，需要衡量活动对用户的吸引力，有多少用户会点击进来，进而参与活动促成转化。这两方面都会涉及点击效果的量化：点击率。一般点击率的计算公式如下所示：

$$点击率 = 点击数/曝光数$$

分子为某个区域/物品的点击次数，分母怎么定义呢？采用整个首页的浏览次数，明显是不科学的，因为很可能这个活动的 banner 图用户根本就没看到，那就不能衡量到底用户是否对活动感兴趣。

由此，曝光埋点就应运而生了。曝光埋点诞生之初的目的就是更加科学合理地计算相关指标，相比点击埋点和页面埋点数据统计更加直观，曝光埋点的用处更多。

通俗来讲，曝光埋点一般用来统计页面某个模块、区域被"看到"的次数。这里的"看到"是指被用户有效浏览，所以定义曝光埋点的关键就在于怎样定义"有效"。因为埋点也是需要开发的，所以就需要一个可工程化的逻辑。

再来看一个例子，图 2-3 是一个电商首页底部的推荐区域，为了衡量用户对推荐结果的感兴趣程度，需要计算推荐区域的点击率，所以需要定义什么情况下推荐区域是一次有效曝光。

图 2-3　电商 App 首页"猜你喜欢"模块

首先，因为曝光埋点采集的是某些区域是否被用户有效浏览的数据，所以需要判断用户是否滑动到推荐区域。但是，滑到推荐区域并不代表用户一定会看到推荐的物品，所以在此基础上还需要加一个限定条件，比如：至少露出一张卡片的高度。

其次，即使推荐结果确实展示给用户了，也有可能是用户快速滑过，并没有真实看到相关物品的信息进而做决策。这其实也是一种无效的浏览。所以一般会在之前定义的基础上加入其他的判断逻辑，比如：加入停留时长的限制，用户在推荐区域停留的时长不少于 15 秒。

通过以上曝光条件的设置，基本能保证推荐区域的推荐物品确实被用户看到了，而且是可以进行工程化的。这个过程就叫有效曝光的定义，具体定义的规则依赖于数据需求，比如希望看到什么粒度的曝光数据，单个物品的还是整个区域的曝光。另外，在实际的应用过程中，关于曝光埋点还需要考虑很多边界问题。

①如果用户重复滑动，那么在满足曝光条件的基础上，曝光次数要一直增加吗？一般这个情况下是不会重复上报的。因为我们需要曝光数据的目的是衡量用户对推荐区域物品的感兴趣程度，所以，只要保证有足够的时间去接收物品信息，那么短时间内物品对用户产生的影响可以被认为会持续一段时间。所以短时间内产生的转化，可以被认为是第一次看到物品的效果，重复上报会对指标计算产生影响。

②如果这种情况下曝光次数不增加，那么什么情况下需要重复上报？正如上个问题的回答一样，其实我们主要衡量的是推荐物品对用户的效果，所以每当推荐区域重新请求一次接口的时候，需要假设推荐物品会变，那么在符合曝光条件的情况下，就需要重新上报。当然也可以做其他重新上报的触发机制。

③如果仅仅统计区域的曝光，计算点击率时可能不太准确，那么能不能从单个物品的粒度统计曝光了多少个，然后看用户点击了多少个？完全可以。正如在前面的小节中提到的那样：埋点其实很简单，就是想看什么数据，就埋什么点。但前提是需要考虑方案的可行性，比如内嵌 HTML5 的页面，这样定义有效曝光方案的话，可能会影响前台性能，如果是 RN（React Native）页面或者原生页面的话，那么这样做是完全没问题的。

④为了统计得更加准确，能不能在所有页面相关模块加曝光埋点？其实每一次埋点的上报都需要进行一次接口的调用，因此需要衡量服务器资源问题。另外，对于用户来说，每一次调用都是流量的消耗，因此需要综合考虑数据需求和用户体验问题来进行曝光埋点的添加。

关于曝光埋点的细节还有很多，这里不再一一列举。总之，曝光埋点实施的过程中需要注意以下几个方面。

第一，有效曝光的定义要科学合理。

关于有效曝光可以从空间和时间两个维度去定义，基本可以保证数据的可参考性。空间上，有效曝光指曝光的位置、曝光区域的大小；时间上，有效曝光指曝光的时机、曝光的时长、重复上报的时机。

第二，曝光埋点的计算意义更大于它的统计意义。

相比点击埋点，页面埋点能够直接给出统计数据，曝光埋点的意义在于能够更加科学合理地进行相关指标的计算。

第三，为了不影响页面性能以及用户体验，不能在产品内的所有区域都添加曝光埋点。

2.2 A/B 测试，让用户参与的测试

在传统行业，一个新产品在研发阶段，倘若在产品方案阶段不同团队之间产生了分歧，最终采取什么样的方案通常由这个行业的"专家"来拍板，这个时候就体现出了经验的重要性。同样，在一款全新产品投放市场之前，企业为了验证方案的准确性、观察新产品的市场反馈，通常会做小范围的"尝试"。比如先在一座城市的某几个区的若干超市进行投放，然后跟踪新产品的销售情况，以决定是否向范围更宽的渠道、市场进行投放。

这是一种最典型的通过小样本试验来观察效果，进而做决策的方法。但是由于实施环境、技术条件等因素的限制，经验并不能总是引导结果朝正向发展。

首先，产品优化依靠经验主义，经验本身就有其局限性。传统行业，尤其是一些制造业，无论是生产力，还是生产要素的变革都是十分慢的，时间就是一个很重要的竞争力。只要对所有工序上的流程足够熟悉，踩的坑足够多，那么在遇到新的问题的时候用以前的解决方案就很容易解决。但是对于互联网时代，一切都在飞快地变化，所以经验有时候反而会对结果产生负反馈。

其次，过去的商业活动主要是在线下进行的，大规模地进行这种试验会耗费巨大的人力、物力、财力，甚至可能当一个试验结束的时候，已经贻误商机了。

而这一切都随着互联网技术的发展被打破了。大数据技术、人工智能技术的发展日新月异，高并发、高性能计算机软硬件设施越来越完备，使得"小样本"试验更加全面、严谨、科学。后来，它逐渐发展成为一门独特的工程——A/B 测试，并且成为各大主流互联网企业进行线上试验的主要方法。

2.2.1 什么是 A/B 测试

在阐述什么是 A/B 测试之前，先来看一个很出名的 A/B 测试实施案例。美国艺电公司（Electronic Arts，EA），全球著名的互动娱乐企业，主要经营各种电子游戏的开发、出版以及销售业务。2013 年 3 月 5 日，其发行的一款叫《模拟城市 5》的游戏，上线后的前两周就卖出了 110 多万份，之所以有这么大的销量，主要归功于上线之前 EA 做的一次非常成功的 A/B 测试。

在 EA 打算发行《模拟城市 5》的时候，同大多数新产品发布方式类似，在网站的首页最醒目的 banner 位上提供促销打折信息来吸引玩家眼球，以期促成更多的购买转化。本以为低价会带来更多的利润和销售额，但是结果却并非团队预期的那样。于是他们开始尝试在网站交互、布局上进行改版。图 2-4 就是这个网站的最初版本。

图 2-4 EA 网站首页初版

有人提出把促销信息删除掉，因为玩家本身是为游戏来的，促销信息会对玩家在进行购买决策的时候形成负担——会不会有更低的价格？但是团队中大部分人还是不太确定这样改动是否真的能够提升销售业绩。于是他们分别上线了两个不同风格的首页。新版本首页如图 2-5 所示。

图 2-5 EA 网站改版首页

通过线上试验，最终结果显示，没有促销打折信息的新首页比旧版本首页的订单量提升了接近 50%。这就说明了一个问题，在大多人认为促销打折可以促进用户购买的时候，其实对于用户来说更注重产品本身，有其他刺激反而容易造成干扰。正是这次 A/B 测试让 EA 公司的《模拟城市 5》成为当时十分畅销的游戏。

从这个案例我们可以大概了解什么是 A/B 测试。A/B 测试就是通过上线不同版本的方案，让目标用户参与测试，并且能够通过数据来衡量不同版本间的优劣，保障核心指标的提升。相比传统的"小样本"试验，A/B 测试更加严谨、科学。

为什么要做 A/B 测试？首先，传统的"小样本"试验主要依靠经验主义，无法确保能够给企业、产品优化带来正向反馈。这是经验本身的局限性导致的。其次，在进行产品优化时，对于重大功能的迭代，有时候很难决策，所以此时需要一个更加理性、科学且可信度高的方法来指导决策。最后，传统的方法后验成本较高，如果改版失败，那么由此带来的损失很难挽回。所以总结下来，A/B 测试的目的就是更理性地应对产品迭代带来的不确定性，保障核心指标朝正向发展。

A/B 测试的应用范围很广，小到一些简单的科学试验，大到生物科学领域，都会用到。在本书中提到的 A/B 测试一般是指针对 Web 页面或者 App 的不同版本，随机分配一定比例的用户进行访问，通过统计学方法进行分析，比较每个版本对于目标指标的转化效果，最后把效果最好的版本正式向所有用户开放。A/B 测试示意图如图 2-6 所示。

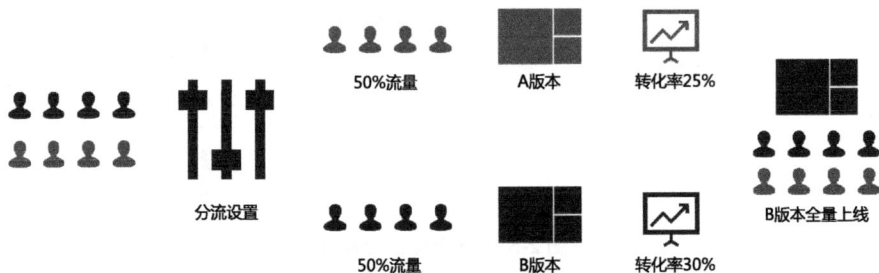

图 2-6 A/B 测试示意图

需要注意的是，A/B 测试是一种统称，不一定是指只针对两个版本进行测试，也可以是 A/B/N 测试，即多个版本进行测试。对于具体版本数量的选择，一方面，在试验前要对方案本身的合理性进行足够的论证，再决定是否有必要进行线上试验；另一方面，需要看流量池的大小来决定，尤其在网站流量比较小的情况下，不建议同时进行两个版本以上的 A/B 测试，否则 A/B 测试的结果不具有代表性。

2.2.2 关于 A/B 测试的几点认知

产品经理在日常工作中经常会与测试同事打交道，甚至在一些流程比较完善的公司，在产品上线前会要求产品经理在预发环境中进行自测，以保证产品功能符合预期。但是很少有产品经理会亲自去做 A/B 测试，因此，有必要介绍一下关于 A/B 测试与常见的几种测试的区别。

1. A/B 测试并非工程测试

通常我们提到的测试是指工程测试，是保证线上工程质量的重要环节之一。它的主要目标是验证产品的功能、性能以及在易用性等方面是否满足产品预期，它是在一个确定的逻辑条件下对结果进行验证。A/B 测试与一般的工程测试有比较大的区别，它更像是摸着石头过河，在不确定的环境中进行探索。下面从五个角度来对比一下工程测试和 A/B 测试的区别，如表 2-4 所示。

表 2-4 工程测试和 A/B 测试的区别

	工程测试	A/B 测试
出发点	是否符合工程设计者的期望	是否符合用户的期望
关注点	页面设计、功能、代码是否符合既定逻辑	是否能够达成业绩、转化等核心目标
执行时机	产品上线前	产品上线后
执行者	测试工程师	用户
结果	追求工程没有缺陷	选出核心指标表现最好的版本

从上面的对比中，我们可以看到 A/B 测试是真正地让用户参与测试，这是与工程测试的最大区别。工程测试是专业测试工程师基于需求方案对结果进行验证，最终的目标是确认线上效果是否符合产品方案；而 A/B 测试则是基于不同的版本，由用户自主参与全流程测试，最终的目标是让用户选择出他们最喜欢的版本进而上线。

2. A/B 测试，更加科学的用户测试

产品经理经常提到"以用户为中心"的产品设计的方法论，在做产品设计之前经常会进行用户调研测试，以了解用户真正的需求，保证最终的产品的用户体验。比如用户问卷、焦点小组、用户访谈、原型测试等都是很常见的用户调研方法。但是，由于相关过程不可把控，最终得到的研究结果很难保证准确性和客观性。

A/B 测试相比用户调研更加客观、准确。用户调研虽然能够搜集到用户目标和期望，甚至有些用户会直接提出期望产品能够提供的功能和建议，但搜集到的信息往往和他们内心的真实想法有偏差和失真。尽管调研者在实施用户调研之前会费尽心思，以获取用户的真实想法，实际上很难保证用户说的就是他们真正想要的。因为当用户得知他们在参与测试的时候，行为通常会"走样"，变得不再遵从内心的真实想法。另外，用户也可能出于种种顾虑，不会去如实回答调研者的问题。

A/B 测试则很好地解决了这个问题。首先，用户并不清楚自己是在参与测试。因为 A/B 测试是在产品发布之后进行的，对于用户来说就是正常地使用产品，唯一的区别就是不同的用户看到的版本不一样，但是核心功能不会变。其次，用户对于不同版本的产品的喜好，并不是通过语言来表述的，而是通过其使用产品的行为来反映出真实的态度，产品设计者只需要收集用户的行为数据，通过数据分析来得出最终的结论。表 2-5 总结了用户调研和 A/B 测试的主要区别。

表 2-5　用户调研和 A/B 测试的区别

	用户调研	A/B 测试
用户是否能感知	是	否
反馈收集方式	回答问题、发表意见	搜索用户行为数据
用户感受	被动、多虑	主动、没有任何影响
准确性	一般	准确

所以用户调研和 A/B 测试最大的区别在于，用户测试通常会使用户比较被动，以问答的方式为主，容易使用户受到干扰和引导；而 A/B 测试则完全是用户在不知情的情况下自主、主动地进行操作，其反馈的信息更能表达用户的意愿、习惯。

2.2.3　A/B 测试的流程

目前，A/B 测试在很多企业都会实施，甚至有些企业会设置一个独立的部门专门实施 A/B 测试。尤其是在用户增长、商业广告领域，一个科学、严谨的 A/B 测试会给业务带来成倍的增长。

一个完整的 A/B 测试流程应该包括五大部分：现状分析、确立目标、假设构建、试验实施、结果分析。每部分的目的以及主要完成的任务如图 2-7 所示。

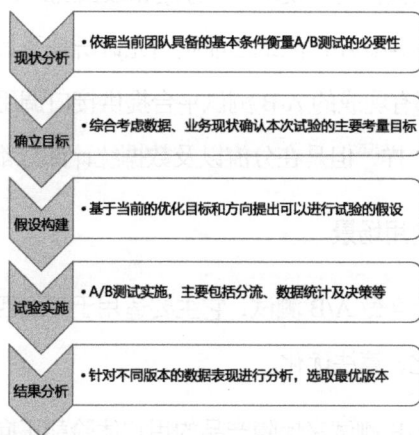

现状分析	· 依据当前团队具备的基本条件衡量A/B测试的必要性
确立目标	· 综合考虑数据、业务现状确认本次试验的主要考量目标
假设构建	· 基于当前的优化目标和方向提出可以进行试验的假设
试验实施	· A/B测试实施，主要包括分流、数据统计及决策等
结果分析	· 针对不同版本的数据表现进行分析，选取最优版本

图 2-7　A/B 测试实施流程

下面将针对 A/B 测试中的每个步骤进行详细介绍，同时会结合一些案例说明在 A/B 测试中应该避免的问题。

1. 现状分析

做 A/B 测试的第一步就是现状分析，用来判断应该不应该、能不能做 A/B 测试，主要关注两方面：产品的用户量，以及具备的条件。

（1）用户量是否能够撑起 n 个版本

A/B 测试不仅仅是简单地把产品用户分成两组进行试验，还需要保证试验结果的可信度，因此确定每个试验版本的样本量是关键。如果样本量太小，那么试验结果的可信度就不高，所以在做测试之前需要先了解流量数据。比如对一个页面做 A/B 测试，那么需要了解当前页面媒体的独立访客数。如果产品的 DAU 还不到 1000，那么对于产品经理来讲，这个时候做的不应该是 A/B 测试，而是和用户面对面访谈，问他们到底想要什么。所以做 A/B 测试本身需要有足够的用户量。

（2）完善的软件支持

A/B 测试的核心流程包含两个模块——分流和数据统计，都需要通过比较复杂的技术手段来实现，因此在实施 A/B 测试之前应当先调研是否具备相应的条件。一般来说，一些大中型的企业都有现成的 A/B 测试平台提供接口调用服务。虽然不同的业务进行 A/B 测试的场景不一样，但是在分流以及数据统计部分都是相通的。

（3）是否有对应的应用场景

不是所有的场景都适合做 A/B 测试，它主要适用于下面四种场景：体验优化、转化率提升、广告效果优化、算法优化。

- 体验优化：通过 A/B 测试来保障产品的用户体验朝正向发展。比如在页面、元素设计改版中用 A/B 测试来确保新版本能提升产品的用户体验。

- 转化率提升：主要应用在一个完整业务链路当中的一个或者几个环节当中，保障流量价值的最大化。比如注册环节，通过 A/B 测试来保证用户注册转化率的提升。

- 广告效果优化：在类似 Google、百度、今日头条等以广告为主要商业模式的企业中应用非常广泛。一方面，保证广告主投放价值最大化；另一方面，能够提升媒体主的品牌价值，实现双赢。比如通过 A/B 测试来观察不同的广告落地页带来的订单转化影响。

- 算法优化：是应用 A/B 测试最多的场景，尤其是在个性化推荐、搜索策略产品当中。每一次算法的迭代、升级都需要通过 A/B 测试来观察对线上流量、订单转化的影响，如果符合业务目标才会进行全量线上发布。

总之，大多数需要依据用户的行为数据进行决策的工程化场景都可以通过 A/B 测试来进行迭代、升级，但也并不是说所有产品、策略的上线都需要做 A/B 测试。做一次 A/B 测试的成本有多大？可以把 A/B/N 的每一个版本都看作一个需求，一个需求是一个方案，1~2 个工程师，若干行代码，几个版本就对应几个方案。另外，A/B 测试也需要 A/B 测试平台来支持。曾经有人估计，一个最简单的 A/B 测试平台，也就是满足基本的分流和数据统计需求，需要的工作量大概是 60 人天。由此可见，做一次 A/B 测试，无论是产品经理，还是工程师的工作量都会显著增加。所以在决定做 A/B 测试之前，需要先对现状进行分析，保证项目 ROI 最大化。

2. 确立目标

决定做 A/B 测试之后，紧接着要做的就是确立一个目标。A/B 测试的目标就是在 n 个不同的版本之间选择一个最优的版本，然后进行线上发布，因此需要一个参照物来比较不同版本的优劣。

在设定 A/B 测试目标的时候，不要定一个宽泛的概念性目标，而是要定一个"具体的、可量化的"指标。如果一个目标不能指标化，那么就无法形成一个行之有效的方案。比如把用户体验提升 15%，看似一个有数可依的目标，但是却无法实施，因为用户体验这个目标本身就不够具体：什么场景下的用户体验？15%的增长率基数是什么？

所以，在确立 A/B 测试目标的时候要具体到场景，具体到可定义的指标。例如"通过注册页改版，使注册页的注册转化率提升 15%"，就是具体到 A/B 测试场景，并且清晰地确立了一个可定义、可量化的测试目标。

3. 假设构建

假设构建是指基于当前目标，提出优化该目标的可行想法。通常在做 A/B 测试之前都会进行数据分析来挖掘业务链路当中存在的问题，只有明确问题才能够有针对性地提出解决方案。比如通过数据发现大多数用户停留在了搜索结果页，没有继续点击链接进入商品详情页，也就是进入搜索结果页的流量转化率特别低。那么，针对这个问题，就可以提出若干假设。

假设一：搜索结果并不是用户想要的，因此可以通过优化搜索排序算法来把用户感兴趣的物品排到前面。

假设二：搜索结果页上的商品卡片没有把该商品的一些亮点、卖点展示出来，以至于无法对用户的购买决策产生积极影响。

以上两个假设不同，A/B 测试的切入点也就不一样。针对假设一，解决方案就是迭代搜索排序算法，因此需要对算法的迭代进行 A/B 测试；针对假设二，解决方案是重新设计搜索结果页的商品卡片，因此需要对新旧商品卡片进行 A/B 测试。然后基于不同的假设实施不同的解决方案，最后通过数据来验证改版、迭代前后主要目标的效果，以验证假设是否成立。

4. 试验实施

A/B 测试实施过程中，通常需要三方参与：产品经理、工程师和 A/B 测试平台服务方。产品经理负责具体分流方案设计，工程师负责 n 个版本方案的开发，A/B 测试平台服务方负责分流和数据统计服务，如图 2-8 所示。

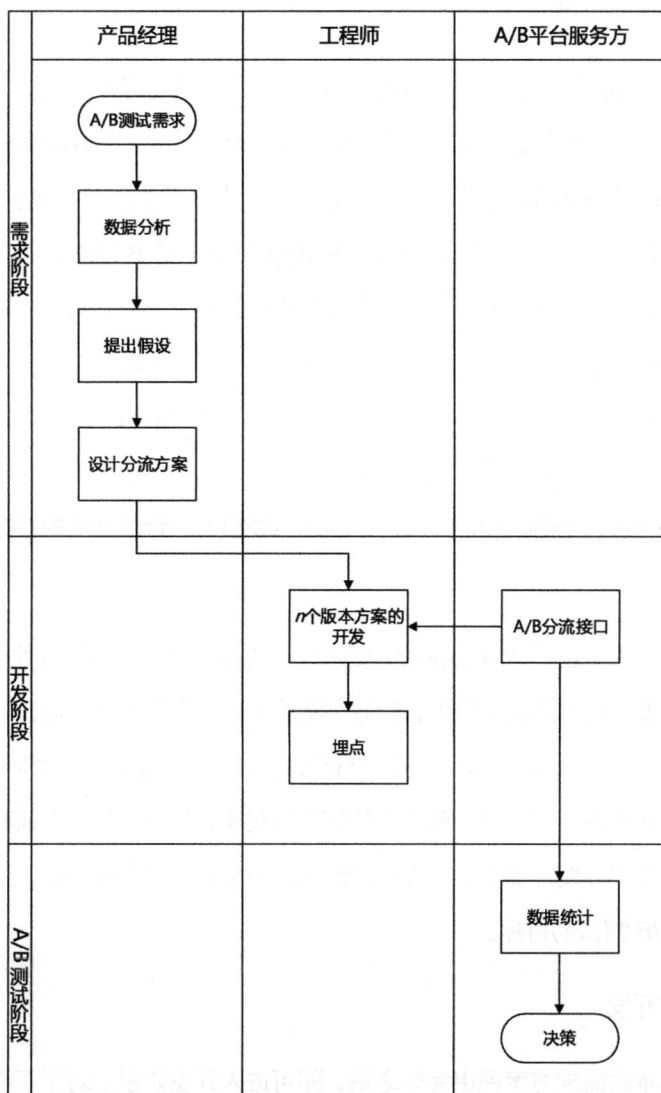

图 2-8　A/B 测试中的分工与职责

（1）分流方案设计

分流是指通过一定的规则、逻辑将线上流量分发到不同的试验版本上。为了保证各版本之间的流量差异性较小，一般通过比例来随机进行分配，具体如何设计分流方案依赖于我们在上一步做出的假设。

在多个版本的测试中，分流方案需要满足如下两个前提条件。首先，要保证单一用户的版本唯一性。比如总共有 10 万个线上用户来做 A 版本和 B 版本的测试，那么在分配的版本以及 A 和 B 流量比例不变的情况下，同一个用户在每次打开 App 的时候分配到的版本是唯一的，不能第一次登录 App 时分配到 B 版本，第二次登录时分配到 A 版本，这样会导致试验结果的可信度降低。其次，保证不同版本之间用户的相似度。这里主要是指用户的一些统计特征、画像属性等。比如想要通过 A/B 测试来验证 A、B 两个版本订单转化率的高低，那么在分流时要控制 A、B 两个版本中会员比例相当、用户的购买力分层类似。需要注意的是，这里并不要求分配到两个版本的用户相似度完全一致，只需要保证和 A/B 测试目标最相关的若干维度的特征属性相似度达到要求即可。

通常对多个版本进行 A/B 测试时，要求线上流量的分发具有随机性，从而保证试验结果的可信度。在实际应用当中，分流方案除了对多个版本进行测试。也可以用于不同人群之间的分流测试。比如：对同一商品详情页面，通过用户性别来进行分流，测试男性用户和女性用户在同一商品上的订单转化率，从而去估计当前商品在不同性别人群当中的受欢迎度。类似的还有依据地区、会员等级等进行分流，这依赖于具体的假设以及 A/B 测试的目标。

（2）版本开发

在 n 个版本的需求方案评审完毕之后，即可进入开发阶段。对于工程师来说，除了正常的逻辑开发，必须要注意的就是添加埋点。在做 A/B 测试时，除了正常的产品埋点，还需要增加 A/B 测试平台标识的埋点，通常称之为 test_id，一般是加在埋点参数当中用来区分流量到底该分配给哪个版本。作为策略产品经理，需要定义好 test_id 和版本的对应关系，避免流量错误分配。

（3）A/B 测试平台

A/B 测试平台是整个 A/B 测试实施过程中的关键一环，承接了线上用户分流、用户行为数据统计、结果指标计算等工作，甚至有些功能完善的 A/B 测试平台会提供结果可视化以及可行性建议等功能。常见的 A/B 测试平台的工作原理如图 2-9 所示。

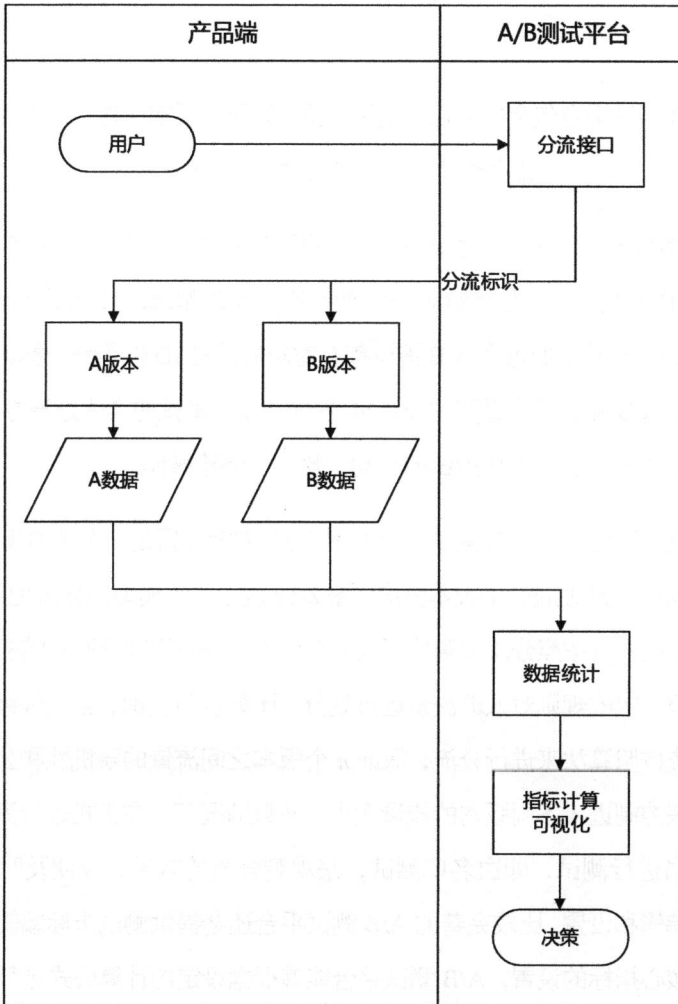

图 2-9　常见的 A/B 测试平台的工作原理

大中型企业都会自建一套 A/B 测试平台，这样做的优势是更贴近企业实际业务需求，且能够快速响应，定制化程度较高。但是，中小企业很难投入很大的人力成本去自己建设一套 A/B 测试系统，因此，现在市面上也有很多第三方 A/B 测试工具。使用第三方 A/B 测试平台的优势在于能够快速接入 A/B 测试，产品经理只需要关注如何提升转化率等核心目标即可，但劣势也很明显，定制能力偏弱、无法及时响应个性化需求等。

通常 A/B 测试平台包含如下几个模块：项目设置、版本设置、权限管理和数据可视化。下面分别介绍一下每个模块主要提供的功能及其作用。

项目设置模块一般被用来对 A/B 测试项目基础信息进行设置，包含如下几个功能。①项目 ID 分配，一个项目对应一个或者多个 A/B 测试，每个项目有唯一的项目 ID 与之对应，同样，其下的每个 A/B 测试都有对应的试验 ID 作为唯一标识，即 test_id。产品可以通过 A/B 测试平台返回的 test_id 来确定 A/B 测试的具体分流方案。②项目/试验管理，主要用来进行 A/B 测试的启动、暂停、删除操作。

版本设置模块用于对 A/B 测试进行方案设置（方案设置是一个 A/B 测试中的关键环节），包含如下几个功能。①版本分流。图 2-10 就是一个典型的分流配置功能界面。A/B 测试的分流方案按照分流逻辑的不同分为两大类——规则分流和随机分流。规则分流是指按照一定的规则对人群流量进行划分，比如按照性别、会员等级等；随机分流则是指系统按照算法来进行分流，保证 n 个版本之间流量的随机性和公平性，一般通过百分比来控制进入不同版本的流量大小。多数情况下，在正式进行测试之前，会先让内部人员进行测试，即白名单测试，来观测分流的效果，以便及时发现问题。②测试指标编辑和设置。比较完善的 A/B 测试平台还会提供测试指标编辑和设置的功能，通过对核心指标的设置，A/B 测试平台能够根据设定的计算公式进行指标的计算和跟踪。

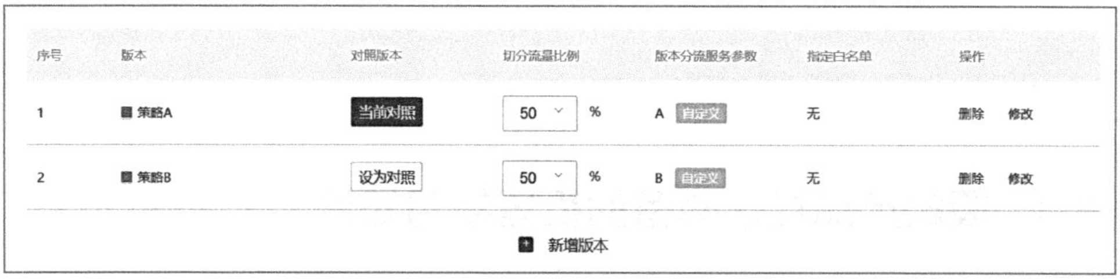

序号	版本	对照版本	切分流量比例	版本分流服务参数	指定白名单	操作
1	策略A	当前对照	50 ∨ %	A 自定义	无	删除 修改
2	策略B	设为对照	50 ∨ %	B 自定义	无	删除 修改
			新增版本			

图 2-10　A/B 测试平台上的分流配置界面

权限管理是系统用来进行项目权限设置的模块,主要用于保证测试的安全性和可控性。

数据可视化模块的作用是更方便地对比 A/B 测试观测指标。观测的数据一般包括实时数据和离线数据两种。实时数据能够实时跟踪到测试指标的变化情况,以便使用者及时做出方案调整;离线数据能反映一段时间内测试指标的变化趋势,可以用来作为上线版本的决策参考。

5．结果分析

A/B 测试本质上的目标是促进业务增长,无论是流量,还是转化率。因此,在 A/B 测试项目中最关键的一环是对收集到的不同版本的用户行为数据进行分析。在做决策的时候,除了衡量不同版本数据在核心指标上的高低,更重要的是结合业务的发展需求来确定最终上线的版本。

举个简单的例子。为了确定价格高低对订单转化率的影响,对搜索结果页的排序算法进行 A/B 测试,结果表明单价比较低的商品排序靠前的版本在订单的转化率上明显要比单价较高的商品排序靠前的版本更高一些,那么是不是要上线第一个版本? 不一定。这个时候我们要综合考虑业务,甚至整个企业发展的需求。诸如优秀商家的曝光量倾斜、新业务的流量扶持等,都需要考虑在内。所以 A/B 测试的结果仅仅是一个更加理性、科学的数据驱动产品依据,最终的决策还是要结合业务的发展需求来综合考量。

2.3 策略产品经理必备的机器学习知识

策略产品经理是否需要掌握一些机器学习算法的知识？笔者认为，这其实是一个产品思维转变的过程，了解一些机器学习的基本知识，可以帮助你更全面地对待问题，并且提供新的解决方案，久而久之做产品的思路也会发生重塑。

过去只需要工程师按照既定的逻辑去写代码实现产品功能即可，最终的效果都是可预见的，对于用户来说，产品提供什么他们就能看到什么。但是随着产品设计思路的演进，我们和用户之间的关系变了，我们想要加入更多的变量、更多的参考因素来设计产品，以进一步提升产品的体验。比如淘宝的"猜你喜欢"模块，根据用户在平台上的购买、搜索、浏览、收藏等许多线上行为进行个性化推荐，每个人在淘宝首页看到的内容都不一样。这是无法用之前的产品逻辑实现的。但是，很显然这才是真正的以用户为中心的产品设计思路。

机器学习是顺应这种多变量、多特征的逻辑的利器之一。机器学习是指专门研究计算机怎样模拟或实现人类的学习行为，以获取新的知识或技能，重新组织已有的知识结构来不断改善自身的性能。

2.3.1 机器学习的过程

机器学习的目标就是让计算机能够像人一样具备思考能力，并且能够不断更新自己的学习系统，预测结果。人类对于外界的学习通常来自若干刺激，并且通过一定时间的持续刺激形成经验，最后固定成为一种思维能力，如图 2-11 所示。

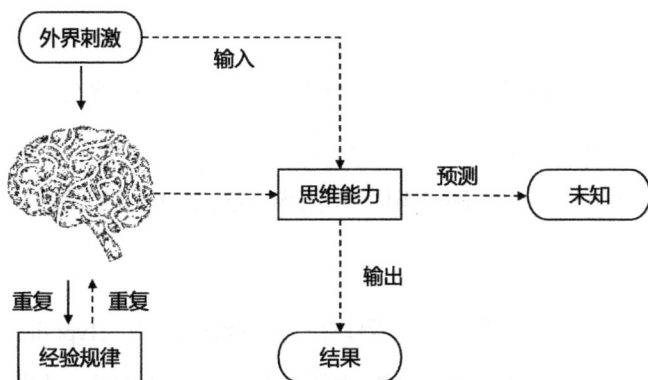

图 2-11　人类大脑学习的过程

　　人感受外界刺激是通过神经系统来进行的，对于机器来说，刺激是技术人员主动给予的。这里的刺激并不是指不断地给机器输入无数问题，而是人类在已知的问题中通过经验提炼出的各种特征。比如京东白条这种金融产品，怎样让机器判断一个人能分配多少额度？业务人员通过过往的白条使用记录发现有固定资产、有固定收入、年龄分布在 30~40 岁的人使用资金频率较高、额度较大，并且能够按时还款。因此对于机器来说是否有固定资产、是否有固定收入、年龄大小就是三个可以学习的特征，通过这三个特征来判断能否分配额度给用户，以及具体额度的大小。如图 2-12 所示，可以看出机器学习与人类的知识经验可以互相补充，两者并不是孤立的。

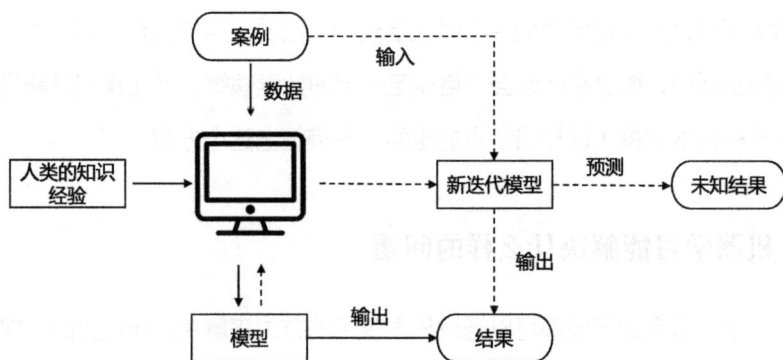

图 2-12　机器学习模拟过程示意图

计算机模型就是机器学习的大脑和中枢，它控制着结果的输入和学习能力的迭代。模型从本质上来说是通过大量的训练案例数据找到一个与理想函数输出结果相等的目标函数。当然在实际情况下，基本不可能找到一个输出结果与理想函数完全相等的目标函数，因此一般会以准确率指标来衡量模型预测的效果，尽量追求足够高的准确率。

这个训练数据的过程通常也可以看作在一系列假设函数（Hypothesis Set）中，找到最好的函数作为目标函数，并且其输出的结果最接近理想情况，如图 2-13 所示。

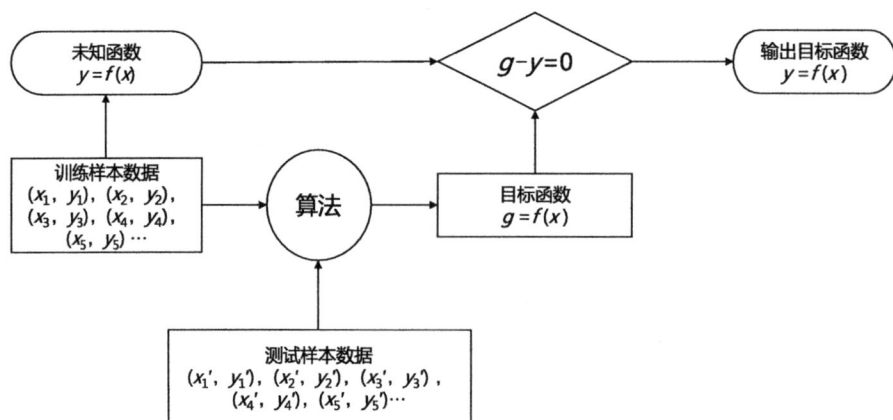

图 2-13　机器学习原理示意图

机器学习的过程非常像我们中学时代学过的通过已知点的坐标求解方程的过程。但是在实际生活中，很少有问题会严格满足一定的数学规律，因此我们只能尽最大可能通过一系列样本数据（就相当于点的坐标）来模拟出这个方程。

2.3.2　机器学习能解决什么样的问题

不是生活中所有的问题都可以通过机器学习的方式来解决，通过上面的案例我们可以看到机器学习的过程同样是通过历史数据寻找它们之间的联系，进而去预测结果。这里面有三点需要注意：一是必须有已知的事物作为依据，二是它们之间有一定的联系，三是它们之间的联系很难通过固定的规则或者逻辑去表达。

台湾大学的林轩田教授总结了能用机器学习解决的问题的三种共同特征：有大量的已知数据，不同数据之间有规律可循，这种规律用传统的编程手段很难实现。

机器学习的大脑和中枢就是模型，因此模型决定了机器学习能解决的问题。业界一般会把机器学习模型分为如下几个类别：分类、回归、聚类和降维。

分类：分类的主要目标是给一个事物打上一个标签，比如判断一张图片中到底是什么动物。

回归：回归通常用来预测一个具体的值，它与分类的区别就在于回归模型的输出一般是一个连续的结果。比如根据前几周每天的温度预测未来一周每天的温度。

聚类：聚类通常用于在一群数据中找到相似的数据并且分组，最终的目标是使一个分组中的数据在某一维度上具有相似关系。

降维：降维的目标是在复杂的问题中找到最能影响结果的若干维度的特征。比如一个自然人会有很多属性，那么如何考量他能否按时还款？一般通过他的收入情况、固定资产情况、信用报告即可判断，其他属性则不需要关注。

在实际的应用中，我们要根据解决问题的目标来选择不同的模型，这样才能事半功倍。

2.3.3 几种常见的模型和算法

机器学习可以分为监督学习、无监督学习、半监督学习和强化学习四种。

监督学习是指利用大量的训练数据来不断迭代机器的学习预测功能。它要求在实施的过程中输入大量特征和目标变量值的数据，以便机器学习算法可以发现这些输入特征和目标变量之间的关系，建立输入和输出之间的映射关系。分类和回归模型就属于监督学习。

无监督学习是指按照数据的某些维度将其分成若干组，相同组的数据具有相似性。聚类就属于无监督学习的一种。

半监督学习是指通过大量未标记数据和少量标记数据来训练机器具备某些功能。顾名思义，它是监督学习和无监督学习结合起来的一种学习方法。由于其较少的投入、较高的准确性，越来越受到工程人员的重视。

强化学习就是指智能系统从环境到行为映射的学习，以达到让机器具备某些功能的目标。它侧重在线学习并试图在探索-利用（exploration-exploitation）中保持平衡。不同于监督学习和半监督学习，强化学习不要求预先给定任何数据，而是通过接收环境对动作的奖励（反馈）获得学习信息并更新模型参数。

以下介绍几种常用的机器学习模型和算法，了解其原理有助于实际应用。

1. 感知机学习算法

感知机学习算法（Perceptron Learning Algorithm，PLA）是一种二分类的线性分类算法，所谓的二分类是指结果只存在两种情况。例如一个人玩游戏能否过关、一个人的考试分数是及格还是不及格，像这种只存是、否两种结果的问题可以被称为二分类问题。

感知机学习算法的原理非常好理解，它的输入是实例特征向量，输出是这个实例的最终类别，类似我们改良后的判断一个学生考试成绩是否及格的问题。学生就是一个实例，特征向量就是每道题的得分，以及每道题的重要程度（分值越高，权重越大），在判断这个学生的成绩是否及格的时候，我们不是简单地把学生的各题得分相加，而是通过他每道题的得分乘以每道题的权重并合计，如果总分超过60分（也叫阈值），那么就认为这个学生的成绩为及格，反之则为不及格。对应到计算机系统中，及格这种情况被称为"正",输出的值为 1;不及格被称为"负",输出的值为–1。

同样,我们可以换个角度去看待这个问题。感知机学习算法要解决的问题实际上是如何在一堆数据中找到一个界限把两种不同分类的数据划分开,其原理如图 2-14 所示。

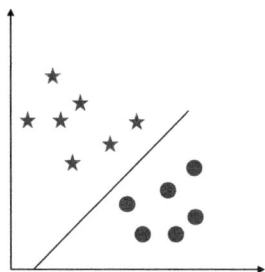

图 2-14　感知机学习算法原理示意图

那么,感知机学习算法是如何找到这条直线的?它使用的学习策略是梯度下降法,简单来说就是先随机设置一条直线进行样本数据的分类,观察分类结果。当存在一个点被错误分类时,通过调整直线的参数来调整其位置,以减少错误分类的点数,直至所有点被正确分类为止。图 2-15 所示为感知机学习算法的训练过程。

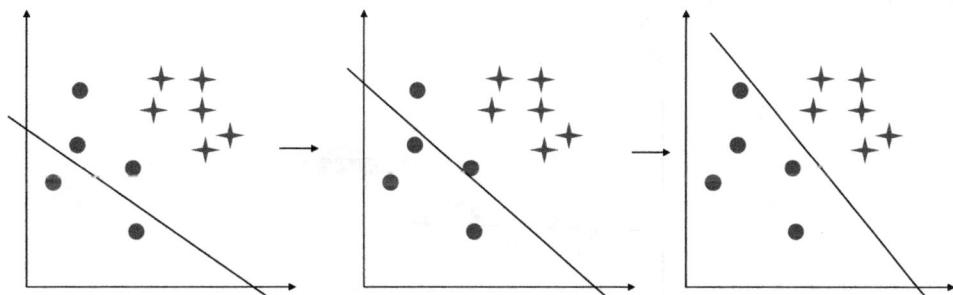

图 2-15　感知机学习算法的训练过程

2. 线性回归模型

在统计学中,线性回归(Linear Regression,LR)指利用被称为线性回归方程的最小平方函数对一个或多个自变量和因变量之间的关系进行建模的一种回归分析。如果只包括一个自变量和一个因变量，那么这种回归分析被称为一元线性回归分析。如果回归分析中包括两个或两个以上的自变量，且因变量和自变量之间是线性关系，则称之为多元线性回归分析。比如通过过去 5 天的室外温度预测周六的室外温度值，如图 2-16 所示，就是一种典型的线性回归问题。

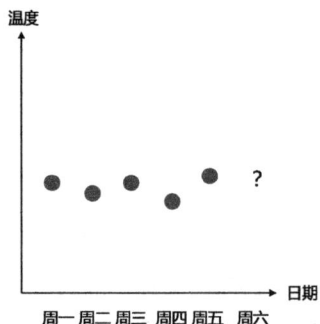

图 2-16　线性回归问题

应用线性回归的方法时，通过过去的日期和温度值来拟合一条直线，尽可能让过去的点分布在直线上面，如果预测未来某天的室外温度，只需要在直线上找到对应的点即可，如图 2-17 所示。

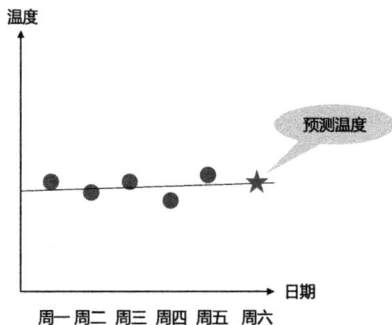

图 2-17　线性回归预测方法

线性回归是回归分析中第一种经过严格研究并在实际应用中被广泛使用的类型，在金融学、经济学、医学等领域应用范围很广，通过观测数据来拟合出一条直线，通过该直线可以看出未来数据的变化趋势以及具体的值。

3. 逻辑回归

逻辑回归（Logistic Regression，LR）是一种广义的线性回归分析模型，因此与多重线性回归有很多相似之处。感知机学习算法虽然简单，但是却很粗糙。由于非正即负的模型，所以即使与分界线的距离很小，也会被分到另一类别当中。这在一些领域当中并不好用，甚至会造成灾难。比如在医学领域，经常会判断某种病症癌变的可能性，而不是仅仅因为不是癌症就不去做对应的防治。因此我们需要找到一种更连续、更平顺的方式来预测某个实例的走向，甚至能给出概率值。

在数学领域，有一个 Sigmoid 函数，该函数的输入值范围为$(-\infty, +\infty)$，输出值为$(0,1)$，因此具有概率统计的意义。比如将一个样本数据输入函数中，如果输出 0.6，那么就意味着这个样本是正样本的概率为 60%，有 40%的概率为负样本。Sigmoid 函数图如图 2-18 所示。

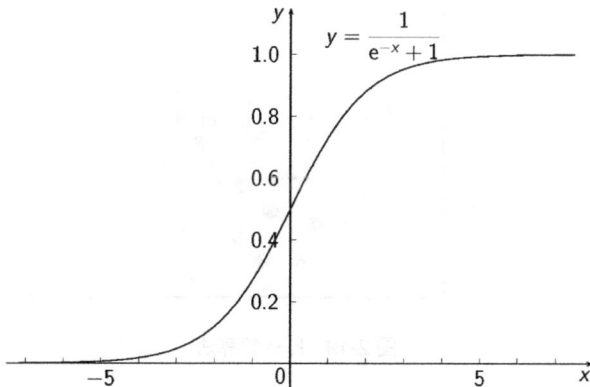

图 2-18　Sigmoid 函数图

逻辑回归一般应用在二分类问题当中，但是与感知机不同的是，通过 Sigmoid 函数，逻辑回归模型可以输出正负样本的概率，并非非正即负。与感知机学习算法相比，逻辑回归模型有如下几个优势：

- 逻辑回归不仅仅能给出预测结果分类，而且能给出更具体的概率值，拓宽了应用场景。
- 逻辑回归无须假设数据的分布，直接根据历史数据进行线性建模即可。
- 从工程上来讲，逻辑回归模型更加便捷、迭代速度更快，且鲁棒性更好。

4. K 近邻算法

无论是感知机学习算法，还是逻辑回归模型，一般都应用在二分类问题当中，但是当遇到多分类问题时，K 近邻算法是一种更好的选择。

K 近邻算法，即给定一个训练数据集，在其中找到与新的输入实例最邻近的 K 个实例（也就是 K 个邻居），K 个实例中多数属于某类，就把该输入实例分到这类中。在输入新的数据后，将新数据的每个特征与已经打了标签的数据特征进行相似度计算，然后将其划分到相似度最高的分类当中，如图 2-19 所示。

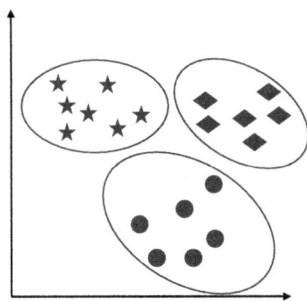

图 2-19　K 近邻算法

这种算法的思路其实非常像推荐系统中基于社交关系的推荐策略，在向用户推荐物品的时候，会先看其社交关系链中的用户对哪些物品感兴趣，向其推荐即可。社交关系越紧密，感兴趣的程度也就越大。

K 近邻算法的优缺点非常明显。优点主要有三方面：首先，原理非常简单，易于实现，新数据加入直接进行分类而不需要重新训练模型；其次，准确度很高，对异常数据和噪声不敏感；最后，最主要的是 K 近邻算法支持多分类问题。K 近邻算法的缺点是计算复杂度很高，每预测一个"点"的分类都会重新进行一次全局运算，数据集很大的样本计算量比较大，也正因为如此容易导致维度灾难。

目前 K 近邻算法在字符识别、文本分类、图像识别等领域有着广泛应用。

5．朴素贝叶斯分类器

朴素贝叶斯分类器是一系列以在假设特征之间强（朴素）独立下运用贝叶斯定理为基础的简单概率分类器。该分类器模型会基于实例特征来进行分类，比如一个水果有绿色的外皮，而且上面有黑色的花纹，体积较大，那么我们可以判断这个水果就是西瓜。通过已知水果的外皮特征、体积大小来判断水果的种类，这种在其他已知事件发生的基础上计算某件事发生的概率叫作条件概率。

在概率论与统计学中，贝叶斯定理（或称贝叶斯法则、贝叶斯规则）描述了一个事件的可能性，这个可能性是基于预先知道的一些与该事件相关的情况的知识。

用数学公式来表述贝叶斯定理：

$$P(A_i|B) = \frac{P(B|A_i)P(A_i)}{\sum_i P(B|A_i)P(A_i)}$$

其中：

$P(A)$是 A 的先验概率或边缘概率，之所以称为"先验"是因为它不考虑任何 B 方面的因素；

$P(A|B)$是已知 B 发生后 A 的条件概率，也由于得自 B 的取值而被称作 A 的后验概率；

$P(B|A)$是已知 A 发生后 B 的条件概率，也由于得自 A 的取值而被称作 B 的后验概率；

$P(B)$是 B 的先验概率或边缘概率，也叫作标准化常量（normalized constant）。

看下面一个案例，比如一个老人咳嗽，那么其患感冒的概率有多大？诊所在一段时间内收治病例的数据如表 2-6 所示。

表 2-6　诊所收治病例的数据

症　状	年　龄	疾　病
咳嗽	青年	感冒
流鼻涕	老人	过敏
咳嗽	青年	感冒
头疼	中年	过敏
咳嗽	老人	感冒
咳嗽	中年	感冒

根据贝叶斯定理，最终老人患感冒的概率可以表示为下面的式子：

$$P(感冒|咳嗽×老人) = \frac{P(咳嗽|感冒) \times P(老人|感冒) \times P(感冒)}{P(咳嗽) \times P(老人)}$$

$$= \frac{\left(\frac{4}{6}\right) \times \left(\frac{2}{6}\right) \times \left(\frac{4}{6}\right)}{\left(\frac{4}{6}\right) \times \left(\frac{2}{6}\right)}$$

$$= 0.66$$

也就是说老人患感冒的概率为 66%。

由于朴素贝叶斯分类器简单快速，且需要的训练数据较少，因此应用十分广泛。在分类预测、文本分类、垃圾邮件过滤、个性化推荐系统等场景都能见到它的影子。

但是在实际生活当中，由于事物之间总是或多或少有相关性，这个时候朴素贝叶斯分类器并不能给出令人满意的结果，因此要根据实际的应用场景和期望目标进行选择。

2.4 小结

本章主要对策略产品经理需要掌握的常用知识体系进行了梳理，这既是产品经理个人专业素养的需要，也是新时代互联网行业对产品经理的更高要求，因此本章聚焦于讨论比较新的知识体系。

本章共分为 3 节，2.1 节针对产品埋点进行了探讨。产品埋点是保障产品数据的源头，无论是查看产品上线后的数据表现，还是分析用户线上行为的数据，埋点是必不可少的一环。尤其对于策略产品经理来说，数据的质量好坏直接决定策略能否有效实施，因此需要掌握埋点的基本方法和流程。

2.2 节主要讲了 A/B 测试的流程和方法。目前越来越多的企业开始注重数据驱动产品，而 A/B 测试就是一种科学、严谨的数据驱动工具。本书写于 2020 年，可以预见的是，增长会成为下一个 10 年各大企业的主要业务之一，而 A/B 测试将会发挥重要的作用。

2.3 节讲了关于机器学习的原理和若干应用。机器学习不仅仅是一种新的技术，同样可以带来一种新的产品设计思路。过去以用户为中心的产品设计，更像是单方向的、更加主观意义上的以用户为中心。而机器学习则为我们提供了一种更高效的实现路径，无论是"千人千面"，还是精准营销，算法模型能够带来传统技术所无法提供的便利。

第 3 章

定义策略产品需求

需求是产品经理的靶子，可以说产品经理的一切工作基本都是围绕需求在开展的。需求调研、需求管理、需求方案、需求澄清都是产品经理在公司内最基本的工作内容。如图 3-1 所示，一个完整的产品是由大大小小的模块组成的，而一个模块则是将一系列的功能进行有机结合，每个功能则是由若干需求定义的。因此，需求的本质还是没有变的。

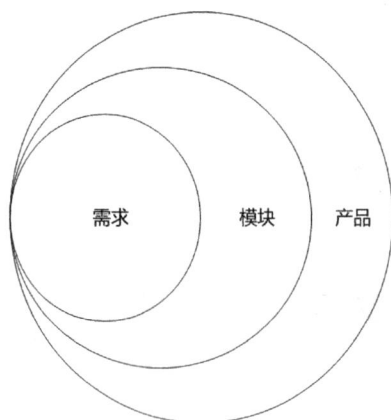

图 3-1 产品、模块、需求的关系

从广义上来看，需求都来源于问题，有问题的地方都有对应解决问题的需要，而产品只是某一类特定问题解决方案的集合，策略产品也不例外。前面的章节也提到过，策略其实就是一种解决方案，也以解决一个问题为出发点。

在过去 10 年左右，产品经理作为产品的主导者，通过一个个可视化产品端来构建人与人、人与企业发生关联的基础设施。比如，淘宝 App 让用户能够快速实现在线购物，微信 App 则能让远隔千里的用户进行沟通、交流。策略产品经理的价值不一定需要一个非常具体的实体（比如 App、Web 页面等）来体现，也可以是一种逻辑的工程化表达，既可以依附于产品实体，也可以独立存在。比如定价策略产品经理，在一台二手车价格被确定之后，既可以将价格作为支撑数据来指导线下销售，也可以通过数据对接将价格用于支持产品端展示。

本章将从策略需求分析、策略方案制订以及如何定义一个优秀的策略需求等方面来展开讨论，期望能为读者呈现定义策略需求的全貌。

3.1 需求分析视角多元化

做产品经理最忌埋头做需求，来者不拒，这样很难体现出一个产品经理的价值所在。因此，在定义一个新需求之前，需求分析是必要环节之一，也是产品经理必备的能力。一个产品必然要依附一个业务存在，因此很多情况下都将需求称为业务需求。产品经理分析一个新需求时，会根据不同的需求种类采用不同的分析方法，主要目标就是保证需求的合理性和可行性。图 3-2 是需求分析的基本流程，每一步都会细分出很多小的流程和方法，这里不做更详细的描述。

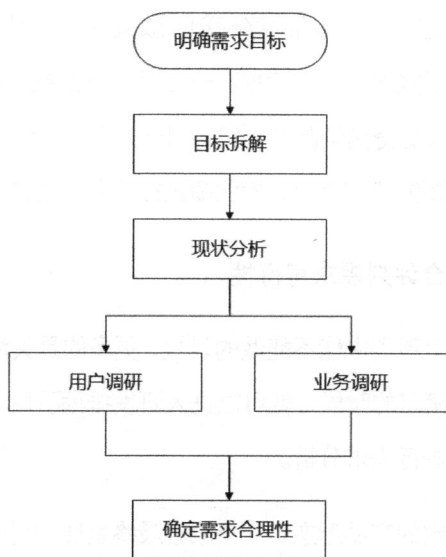

图 3-2　需求分析的基本流程

1965 年的诺贝尔物理学奖得主理查德·费曼，被称为爱因斯坦之后最睿智的理论物理学家。他说过："What I cannot create，I do not understand."意思是"我无法理解我不能创造的东西"。笔者认为这里的"创造"不是指物理上的建立，而是指对问题的拆解分析，然后才能真正理解它。策略需求同样需要经历需求分析的过程，但是相比传统的业务需求，策略需求的分析视角会更加多元化。

1. 明确业务背景，找准出发点

在很多企业，产品经理对接的团队是业务方，包括运营、销售、商务人员等，业务需求通常以"我们在某某模块中需要一个某某功能来帮助用户完成某某工作"这种形式提出，但是，策略需求通常是以问题的方式提出的。比如：发现搜索结果页排序靠前的都是低价商品，这对单价高且质量好的商品转化率有很大影响，怎样优化一下搜索结果页的商品排序？这就是一个非常典型的策略需求。

需要明确的是策略需求同样是为业务服务的，因此首先要明确的就是业务背景。业务背景是业务需求的出发点，包括战略规划、政策导向、利益冲突等，任何与业务背景相悖的策略需求都不宜纳入研发计划。一方面，企业中业务方通常是研发成本承担方，满足业务背景更容易得到资源的倾斜；另一方面，任何需求价值的体现都不是一个独立的环节，必然要依赖整个业务的业绩进行评判，这是大前提。

2. 拓宽视角，综合评判需求可行性

过去我们在评判一个新需求能不能做的时候，更多的是关注它的合理性以及资源情况，在这两个条件都满足的时候，就可以进入研发排期阶段。对于策略需求，需要拓宽产品视角，全方位进行需求分析。

策略并没有一个固定的产品形态。一个策略最终呈现的可以是一个页面、一个页面上的元素，甚至是后台逻辑的改变，很多情况下一个策略的上线会影响到多个模块。策略产品可能的形态有哪些？

①前端可视化形态。如图 3-3 所示，京东 App 最下方的"为你推荐"商品列表，就是一个非常典型的策略可视化产品。其背后的策略包括个性化推荐策略、排序策略，以及每张卡片展示商品卖点的策略。比如：如果一个商品同时有京东 PLUS 会员价标签、优惠券标签、打折促销标签，那么该如何进行取舍？这就是一种卖点展示策略。

图 3-3 京东 App 首页"为你推荐"模块

②纯逻辑类形态。这种类型主要集中在数据应用型产品上，尤其在商业广告领域应用很多。比如标签、画像类的产品，通过一定的策略，基于用户的行为数据进行计算，然后生成每一个用户的标签，用于广告投放、精准营销等领域。

3．数据调研，一个必不可少的环节

定义策略需求大多数情况下都需要用数据。这里的"用数据"并不仅仅是指做数

据分析，而是用数据去进行逻辑开发。比如：在个性化推荐系统中，需要用到用户实时线上点击浏览数据来挖掘用户的实时兴趣标签，从而提升推荐系统的时效性，提高商品的订单转化率。

从需求的合理性角度来评判，这个需求是没有问题的。但是从方案的要求上，首先需要系统具备实时数据的获取能力。而在真正的项目实践中，很多产品在上线的时候连埋点都没有，更别谈实时数据流的接入了。所以数据调研是策略需求分析必备的一个环节。不仅仅要拿数据来进行需求分析，而且需要调研数据工程化的可行性，比如数据是否上报、是否以结构化形式落表，具体可以参考第2章关于埋点的讨论。

这就要求产品经理转变一下观念，之前我们在做需求分析的时候，数据仅仅是一种用来佐证观点的工具，而现在数据是方案中必不可少的组成部分，没有数据则无法进行策略方案的制订。

4. 策略需求，无法预料的结果

通常一个需求会对应一个确定的结果。一个新的功能上线，就需要能够按照既定的逻辑实现完整的业务流程；一个新的页面上线，需要按照设计稿进行开发，甚至不能出现像素级的差距。但是，对于策略需求来说，大多数情况下需求的结果或者收益是无法确定的。策略产品经理可以根据当前的现状和数据表现估计新需求上线后的趋势，但是很难给出一个确切的数值。

比如在广告投放产品中，策略产品经理只需明确广告素材和目标人群的对应策略即可，但是最终每一条线上广告投放的效果是无法保证的，因为这与广告投放的算法模型、广告内容本身的质量、文案设计、落地页设计等都有关系。所以正如第2章所说，A/B测试是在策略需求落地过程中最常用的一种保证策略效果朝正向发展的手段。

3.2 需求是否具有完整性决定策略的成败

产品经理面对需求除了要考虑其合理性和可行性，还应该考虑以下几点。首先，需要搞清楚做这件事情的意义，产品会因为策略的上线或者下线带来什么样的收益？其次，产品并不是一堆功能的叠加，用户需要的也不是功能丰富的产品，尤其是在互联网行业，发展到现在，随着产品矩阵的丰富，人们开始在乎的并不是创新的产品功能，而是一款体验好、效率高且安全的产品。这既是时代发展的要求，也是大众数据安全意识提升的必然结果。

因此在定义策略需求的时候，不能仅仅考虑丰富的功能、逻辑的自洽，更需要关注需求的完整性。

3.2.1 需求量化，价值可视化

需求量化的本质是需求价值的呈现，也是产品经理价值的呈现。策略产品因为其本身的特殊性，在进行策略需求量化时可以从两方面着手：业务层面和数据层面。

首先，策略带来的价值往往是与业务流程耦合的。比如搜索排序策略的优化，会直接体现在搜索结果页商品的排序上，因此可以从搜索结果页带来的订单量、流量转化率等来衡量这次策略迭代的价值。其次，也可以直接衡量策略带来的质和量上的改变，往往是数据上的增减，比如流量的增减、准确率的高低变化等。

无论是结合业务本身去衡量策略的价值，还是直接衡量策略带来的收益，所有策略都应该关注上线后的效果，所以有必要了解一下主流 Web 端和 App 端产品的常见数据指标有哪些。下面，表 3-1 为 Web 端常用指标，表 3-2 为 App 端常用指标。

表 3-1　Web 端常用指标说明

序号	指　　标	指标定义
1	页面浏览量	PV（Page View），页面被浏览的次数总和，在统计网站或页面组时，指网站或页面组包含的所有页面被浏览的总次数
2	独立访客数	UV（Unique Visitor），依据浏览器 Cookie 标识访客，对所有访客按统计区间排重处理后的数量
3	唯一页面访问数	UPV（Unique Page View），页面的唯一访问次数，比如一次访问过程中该页面被浏览多次，该页面 UPV 只记一次
4	访问次数	Visits，依据浏览器 Cookie 标识会话，对所有会话按统计区间排重处理后的数量
5	跳出次数（网站）	Bounces，进入网站后，只访问一页、没有后续访问的访问次数
6	跳出次数（网页）	一次访问过程中，访问者从当前页面进入网站且没有后续访问的被记录为一次跳出
7	离开次数	Exits，也称退出次数，在一次访问过程中，访问者从当前页面直接离开网站、不再有后续访问的，被记录为一次离开
8	着陆次数	页面作为着陆页的次数（访问者访问网站的第一个页面被记录为着陆页）
9	跳出率	跳出率=跳出次数/访问次数
10	平均访问深度（网站）	平均每次访问所浏览的页面数量，平均访问深度（网站）=页面浏览量/访问次数
11	平均访问深度（品类）	平均每次访问所浏览的某品类页面数量，平均访问深度（品类）=品类的浏览量/品类的访问次数
12	页面平均停留时长	Average time on page，平均每个页面的访问时长，页面平均停留时长=全站的停留时间总和/全站的页面浏览量
13	页面平均加载时长	访问期间的页面平均加载时长
14	唯一 IP 数量	对访问 IP 按统计区间排重处理后的数量
15	网站平均停留时长	Average time on site，平均每次的访问时长，网站平均停留时长=全站的停留时间总和/全站的访问次数
16	单一页面 UV	当天访问用户中，仅浏览一个页面的用户数，即浏览量为 1 的用户数
17	网站转化率	网站转化率=引入订单量/全站访问次数
18	目标转化率（成功下单）	目标转化率（成功下单）=订单提交页访次/全站访问次数
19	有效访次	有效访次=访次–跳出次数
20	人均浏览量	人均浏览量=PV/UV
21	单一页面 UV 占比	单一页面 UV 占比=单一页面 UV/UV
22	引入订单转化率	引入订单转化率=引入父订单量/UV

续表

序号	指　标	指标定义
23	人均引入订单金额	人均引入订单金额=引入父订单金额/UV
24	UV 价值_市场	UV 价值_市场=有效订单子单优惠后金额/UV
25	新用户访问次数	第一次访问网站的访问次数，数值上与新访客数一致
26	回访用户访问次数	非首次访问网站的访问次数，新访客的第二次访问，记为回访用户访问次数
27	下单用户数	下单的用户数，不考虑订单状态，此处为浏览日志中可找到的下单记录对应的用户数
28	引入订单父订单量	排重统计的父订单量，此处为浏览日志中可找到的下单记录对应的订单数量
29	引入订单父订单金额	统计引入订单的订单金额，此处为浏览日志中可找到的下单记录对应的订单金额
30	退出率	退出率=退出次数/访次
31	引入订单量（页面）	在同一访次内，用户浏览该页面后续下单的订单量
32	引入订单金额（页面）	在同一访次内，用户浏览该页面后续下单的订单金额
33	UV 价值	UV 价值=引入订单金额/UV
34	点击量（坑位）	页面上埋点位置的点击量
35	引入订单量（坑位）	在同一访次内，用户点击该埋点位置并且后续下单的订单量
36	页面跳转量	用户点击 a 页面成功跳转到 b 页面，a 页面的跳转量+1，用来近似表示 a 页面所有位置的点击量
37	点击率	点击率=坑位点击量/坑位所在页面跳转量
38	点击转化率	点击转化率=坑位引入订单量/坑位点击量

表 3-2　App 端常用指标说明

序号	指　标	指标定义
1	新增用户	历史上第一次启动 App 的用户数，需要按照设备号进行去重
2	启动次数	在规定时间段内，用户打开 App 的次数。"一次启动"是指用户从打开 App 开始，到退出 App 为止。一次启动过程中可能浏览多个页面
3	日活跃用户	指在规定的时间范围内，启动过 App 的用户数，需要按照设备号去重
4	周（月）活跃用户	某个自然周（月）内启动过 App 的用户数，该周（月）内的多次启动只记为一次
5	活跃度	活跃度 = 活跃用户数/累计激活用户数

序号	指　　标	指标定义
6	留存用户	规定时间段（T1）内的新增用户中，在经过一段时间（T2）后，仍然使用 App 的用户。其中，T1 和 T2 可以根据自身的实际情况进行设置
7	次日留存率	次日留存率=统计日期 1 天前新增用户到统计日期仍在访问的留存用户数/统计日期 1 天前新增用户数
8	三日留存率	三日留存率=统计日期 3 天前新增用户到统计日期仍在访问的留存用户数/统计日期 3 天前新增用户数
9	七日留存率	七日留存率=统计日期 7 天前新增用户到统计日期仍在访问的留存用户数/统计日期 7 天前新增用户数
10	十五日留存率	十五日留存率=统计日期 15 天前新增用户到统计日期仍在访问的留存用户数/统计日期 15 天前新增用户数
11	登录用户	打开 App 并登录账号的用户数
12	新注册用户	通过 App 注册的用户数
13	累计激活用户	移动端激活的用户总数
14	MTD 激活用户	从当月第一天开始，截至当前日期启动过 App 的所有独立用户数，同一手机终端多次启动只被记为 1
15	激活用户	统计周期内，第一次启动 App 的所有独立用户数，同一手机终端多次启动只被记为 1
16	累计新注册用户	截至当前，完成注册流程的所有独立用户数
17	MTD 新注册用户	从当月第 1 天开始，完成注册流程的所有独立用户数
18	单次使用时长	用户在 App 中一个访次内的停留时间
19	平均使用时长	平均使用时长=全部用户的日使用时长/总活跃用户数
20	平均使用频率	在一定时期内，同一个用户启动 App 的次数。例如：在 1 天之内，同一个用户一共进行有效启动 5 次，那么该用户的日使用频率就是 5 次
21	使用间隔	指同一用户相邻两次启动 App 的时间间隔。例如：某用户第 1 次启动 App 到第 2 次启动 App 之间相隔 2 天，那么该用户的使用间隔即 2 天
22	访问深度	用户在一次使用 App 的过程中所到达的页面数量。例如：某用户从启动 App 到退出 App，一共访问了 12 个页面，那么该用户的访问深度为 12
23	引入订单转化率	引入订单转化率=引入父订单量/UV
24	引入订单金额转化率	引入订单金额转化率=引入订单金额/UV
25	用户下单转化率	用户下单转化率=下单用户数/UV

续表

序号	指　标	指标定义
26	UV 价值	UV 价值=有效订单优惠后金额/UV
27	引入订单父订单量	排重统计的父订单量, 此处为浏览日志中可找到的下单记录对应的订单数量
28	引入订单父订单金额	统计引入订单的订单金额, 此处为浏览日志中可找到的下单记录对应的订单金额
29	跳出次数	从某页面进来并离开 App 的次数

3.2.2　容易被忽略的非规则类约束

很多时候, 产品经理往往把功能当作需求的代名词, 一个新的需求意味着新功能上线, 所以很多时候产品经理在处理需求时关注更多的是逻辑、规则、页面设计。但是, 现实中我们会经常看到因为非逻辑性错误导致产品失败的案例, 严重的可能会引起线上事故。比如做互联网医疗行业相关的小程序, 如果线上出售的商品包含已取得资质所允许范围之外的药品, 这种情况下, 页面交互设计体验再好, 不符合行业规范都是无法通过应用市场审核的, 甚至面临行政处罚。因此, 产品经理在定义策略产品的需求时, 除了逻辑规则, 更多地应该关注非规则类约束。

1. 可解释性

"可解释"是随着人工智能研究的广泛开展兴起的一个概念, 广义上是指在用户需要了解或解决一件事情时可以获得所需要的信息, 主要是为了提升用户对于产品的信任度, 在个性化推荐系统中就有很多的应用。

图 3-4 是亚马逊首页的一个推荐模块, 在模块的左上角会标记"根据您的所购商品推荐商品", 这是根据用户最近的行为给出的推荐解释。

图 3-4　亚马逊的推荐模块

除了上述类型的推荐解释，还可以应用商品本身的特色来进行推荐解释。图 3-5 是京东"为你推荐"模块，其中"甄选健康原料""重量仅 522g""商场同款"等都是一种推荐策略产品可解释性的表现。

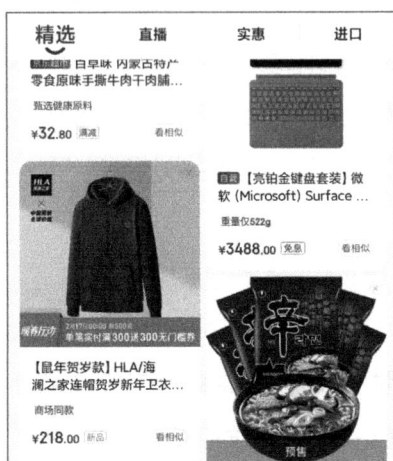

图 3-5　京东"为你推荐"模块的推荐解释

2．安全性

①数据授权。产品安全性是近几年被频繁提及的一个话题，尤其是用户个人数据的安全，其中尤为重要的就是用户数据的授权使用环节。2018 年，Facebook 泄露数

千万用户的数据，导致很多用户的信息被不明机构滥用。这被视为一次严重的数据泄露事故，但让人不解的是很多用户竟然不明不白地就授予了 App 个人数据的使用权。

数据在策略产品中的重要性不言而喻，因此获取用户数据授权是其中的一个必需的流程。在设计用户数据授权策略时，需要考虑到哪些数据需要获得用户的授权、授权的期限是多长以及关闭授权后的再触发机制怎样设计。随着大众数据安全意识的提高，滥用用户数据，甚至泄露用户数据会对企业造成难以估计的影响，因此用户数据的安全性需要在策略需求中重点考虑。图 3-6 是某 App 的 QQ 授权登录页。

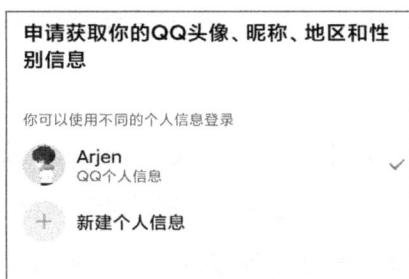

图 3-6　某 App 的 QQ 授权登录页

②个人隐私。用户在互联网产品上的行为可以分为两种：显性行为和隐性行为。显性行为是指用户主动发起的行为，如评论、赞同、评分等；隐性行为是指并非用户主动产生的行为，而是产品通过一定的手段收集到的用户行为，如浏览、注意力等。产品在使用由用户主动发起的行为数据时，产品经理只需要设计好对应的授权协议，并且保证用户的知情权，让用户不会觉得被侵犯。但是，对隐性行为的记录则更可能触犯用户的个人隐私，主要包含个人的私生活信息、日记、相册、生活习惯、通信秘密、身体缺陷等。

在设计个性化推荐系统的时候，经常会用用户的浏览行为来推测用户的偏好以及意图，在设计推荐、召回等策略的时候，会对涉及个人隐私的行为或者商品进行过滤，保证用户在产品端的体验。

3. 性能的评估

按照通用的定义，软件性能是软件的一种非功能特性，它关注的不是软件是否能够完成特定的功能，而是在完成该功能时展示出来的品质，也就是说，软件性能是衡量软件完成任务的质量的一个标准。比如响应时间、吞吐量、并发用户数、资源利用率等，都可以用来衡量软件的运行情况。

在很多团队的软件项目管理中，软件性能会在软件研发完成之后，由专业的测试人员进行测试，产品经理则不会关注。但是对于策略产品来讲，性能是必须关注的一个点，因为大部分策略需求都需要用到数据来进行运算和逻辑开发，这其中带来的不确定性极有可能引发线上事故。

作为策略产品经理，不必过于关注系统层面的性能，比如接口性能，研发人员在架构设计阶段会进行评估。但是，需要在策略需求阶段对当前产品的数据需求进行预研，主要包括两个方面：首先是当前产品数据现状的调研，比如当前页面近一个月的日均流量数据、峰值流量等，并且在 PRD 中进行陈述，主要是为了帮助研发工程师在开发过程中进行正确的架构设计；其次是针对策略需求中涉及软件性能的指标进行正确的定义，比如在人群画像标签的计算当中，哪些标签需要实时计算，哪些标签需要离线计算、T+N 同步，两种需求的解决方案完全不一样，明显前一个需求对系统时效性的要求更高。

如果涉及接口服务的调用，还需要为接口提供方提供数据预研结果，比如每秒查询率（Queries-per-Second，QPS），它是对一个特定的查询服务器在规定时间内处理流量多少的衡量标准，以便对方评估调用可行性。QPS 的一般计算方式如下：

$$QPS = （总 PV 数×80\%）/（每天秒数×20\%）$$

即每天 80%的访问集中在 20%的时间，这 20%的时间叫作峰值时间。

3.3 产出一个优秀的策略

3.3.1 策略需求的本质

到底什么才是一个好的策略？这是笔者一直在思考的问题，也是每个打算从事这个行业的人应该思考的问题。笔者目前在做搜索推荐策略方向的项目，所以从这个角度来分析一下。

搜索推荐可能是一种偏技术的业务，因为底层采用了大量的算法、模型支撑，但也正是因为如此，很容易把参与者带偏。很多时候，无论是在产品宣讲，还是需求评审会上，很多人第一句话就会问这个搜索推荐系统用的什么模型、什么算法，导致很多人会对类似搜索推荐的策略产品产生一种错觉，认为一个"高大上"的算法就是一个好的策略。尤其是在产品经理与研发工程师沟通的时候，会经常质疑：为什么我们的搜索推荐不用算法？但真的是有好的算法才能做出好的搜索推荐产品吗？不一定。有一句话说得好：我们对算法的爱是复杂的、神秘的。大多数人似乎最不了解的就是算法，它如同披着面纱的圣女，以至于大家对它有一种天生的偏爱。其实在第 1 章也提到过，策略的本质还是一种解决问题的方案，不同的问题导致策略的实施方式不同，而算法仅仅是一种解决问题的方式、一种更高效的工具。

基于物品协同过滤（Item Collaboration Filter，Item-CF）和基于用户协同过滤（User Collaboration Filter，User-CF）是推荐系统中非常经典的两种算法策略。Item-CF 的核心思想就是给用户推荐与其喜欢物品相似的物品，如图 3-7 所示。

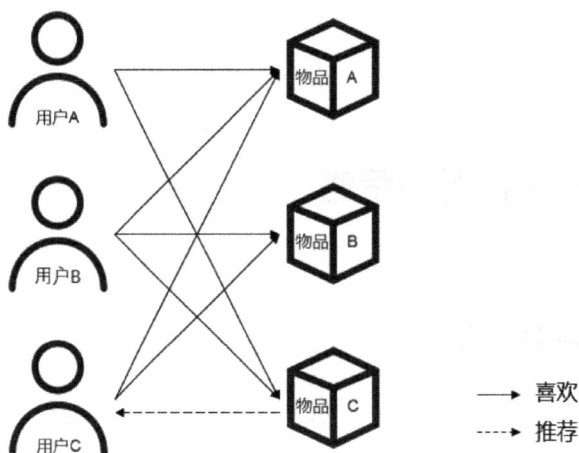

图 3-7　Item-CF 示意图

　　Item-CF 的核心流程是根据所有用户的历史行为形成的，大多数喜欢物品 A 的用户都喜欢物品 C，得出物品 A 和物品 C 比较相似，而用户 C 喜欢物品 A，那么可以推断出用户 C 可能也喜欢物品 C，因此可以把物品 C 推荐给用户 C。

　　图 3-8 是另一种常见的推荐系统算法策略 User-CF，它的核心思想就是给用户推荐与其兴趣相同的用户喜欢的物品。

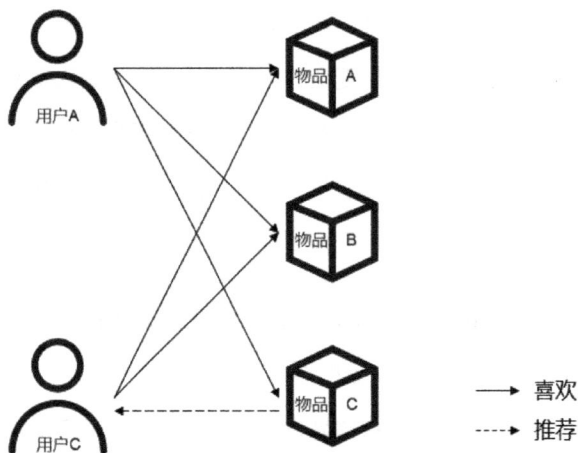

图 3-8　User-CF 示意图

根据用户的历史行为，用户 A 喜欢物品 A、物品 B、物品 C，用户 C 喜欢物品 A、物品 B，那么可以推断出用户 A 和用户 C 的兴趣比较相近，因此可以把用户 A 喜欢的物品也推荐给用户 C，也即把物品 C 推荐给用户 C。

上面两种算法在电商、内容等领域取得了很好的应用效果，诸如亚马逊、京东、淘宝等已经进行了大规模的商用，为业务带来了很高的收益。但是，如果把这两个模型应用在其他领域就不一定合适了。

1. 案例一：医生推荐

这个案例的背景是为线上问诊用户提供医生推荐服务，主要目标是希望病人在进入 App 内时能第一时间找到合适的医生，如果采取 Item-CF 或者 User-CF 策略，会是一个什么样的效果呢？比如：A 和 B 两个医生的特征相似度很高，专业特长相同，科室相同，那么用户看过 A 医生，最好的策略就是把 B 医生推荐给用户吗？不一定，因为用户不可能经常看同一种病。同理，C 和 D 两个用户的特征相似度很高，那么如果用户 C 在平台上问诊过某个医生，那么一定要给用户 D 推荐该医生吗？明显是不应该的，因为两人不一定生同样的病。

很明显，上面介绍的两种算法无法适用于用户看病找医生，但是在消费品售卖领域却很适合。所以，如果为了让推荐系统看起来更高级一点，强行加入这两个典型的算法，那么最后不仅用户问诊转化效果不理想，而且会降低用户对平台的信任度，有损平台的专业形象。

那么，就用户问诊来说，通常的场景是什么样子的？首先，就用户习惯来讲，一般大家都会信任熟悉的医生，所以之前为该用户看过病、开过方的医生，对于用户来说就是最好的选择，尤其是综合科室的医生。其次，从平台的角度来说，医生有水平高低、服务态度好坏的差别，所以帮助用户挑出水平和服务都比较好的医生，高效联结用户和医生资源，才是提升用户体验和转化的关键。

2．案例二：拍品推荐

2018 年各大企业、业务部门都在发力小程序端的建设，小程序本身的定位是轻量级应用，而且相关调研数据表明用户在小程序的停留平均时长大约 40 秒。基于这个背景，在为拍卖业务搭建主体小程序时，整个首页决定采用个性化推荐能力来为用户呈现感兴趣的拍品，争取在用户进入小程序后能够产生转化。当时做这个项目的第一步，并不是选算法、模型，而是先把拍卖业务线下的所有用户在各个渠道的行为做了一遍分析，发现一个很有意思的现象，有 80% 左右的用户只与一个类目（类目是指拍品所属的分类，比如玉、翡翠等）发生过交互行为，无论是点击、浏览、关注、收藏还是参拍等。有了这个数据以后，结合与用户、业务专家、关键客户（Key Account，KA）商家的一些讨论，我们得出一个结论：大多数用户参加拍卖并不是说这些用户有真正的收藏爱好，而是想捡漏儿，就是用更少的钱，买到同样的东西。比如同样是一台笔记本电脑，在京东购买可能需要 5000 元，但是在拍卖平台上通过参拍的方式可能 4500 元甚至 4000 元就可以买到，这对用户来说很有吸引力。

拍卖本身是一个非常小众的领域，有明确收藏爱好的用户并不多，大多数用户仅仅把拍卖当成一种商品出售的方式，而恰恰是这种成交价格可变的业务模式，才让捡漏儿成为可能。所以对于这种场景，我们并没有在初期的核心逻辑上加入"高大上"的算法、模型，仅仅是给符合条件的拍品打上了捡漏儿的标识，然后在合适的时机推荐给用户。通过这个策略，这个项目的核心指标有了很大的提升。

可以看出，策略还是要从业务中来、回到业务中去，需要对当下业务场景和用户痛点进行挖掘，本质目标还是提升用户体验和流量转化。所以在用户来的时候，能不能准确识别用户的痛点，把用户想看到的东西在合适的时机推荐出来，才是关键。笔者很认同这句话："站在整个推荐产品的角度来讲，算法不是最重要的，甚至在产品的早期阶段，算法的权重和优先级应该是最低的。"

希望大家都能记住：撇开业务谈策略犹如无源之水、无本之木，徒有其表却无法给业务带来真正的收益。

3.3.2 写一份优秀的策略产品需求文档

产品需求文档（Product Requirement Document，PRD）是研发人员将产品方案进行工程化开发的依据，也是产品经理所有思考的载体。一份优秀的需求文档不仅能够保证项目的研发进展顺利，而且能够提升产品经理的个人影响力。在策略需求定义阶段，策略产品需求文档同样是这个过程的一个最终呈现的交付结果，也是进行后续策略产品落地的关键依据。每个企业、每个团队对需求文档的要求不尽相同，因此本节将讨论策略产品需求文档中常见的内容和注意事项。

（1）策略需求概述

和大多数 PRD 一样，策略产品需求文档的第一部分应该呈现策略需求概述。概述中一般包含如下内容：需求背景和需求目标。需求背景通俗来讲就是文档中描述的方案需要解决什么问题，及其必要性；需求目标就是完成这个需求所要达成的收益，通常是以指标的方式进行定义的。需要注意的是，在定义策略需求目标时，不仅仅要给出可衡量指标的具体计算方式，还需要给出该需求相关的数据现状分析结果。在实际的应用中，这两项也可以独立存在。

（2）版本控制

版本控制是指当前策略需求上线的版本。第 2 章提到过，产品在做 A/B 测试时，线上会存在多个不同版本，因此需要确定当前需求上线的版本。另外，策略需求因为其结果的不确定性，所以通过版本控制也可以降低因策略带来的线上风险，方便对问题的紧急处理。

（3）交互、视觉示意图

如果当前 PRD 中定义的需求属于前端可视化类，就需要在文档中明确交互、视觉示意图。在一些完善的产品研发团队中，会有专门的交互设计师来承接交互设计的工作，策略产品经理需要明确评估当前策略对用户完成相关流程的影响，以及可能带来的风险。设计示意图一般无须产品经理直接介入，做好资源协调、细节沟通即可。

（4）策略逻辑

策略逻辑是策略产品需求文档中最核心的内容，一般包括：策略流程图、策略内容、优先级定义。

策略流程图主要是指该策略从开始到结束的数据流转过程，通过数据流程图可以清晰地看到整个策略方案的细节，以及和其他模块的交互过程。图 3-9 就是一个最简单的基于地理位置进行推荐的产品的流程图。

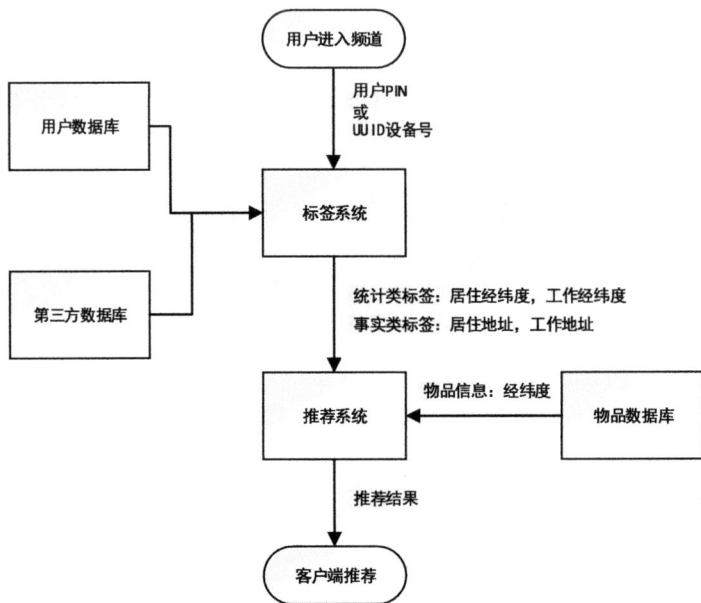

图 3-9　策略需求流程图示例

策略内容主要是定义需求名称、需求内容、规则逻辑、细节说明等。策略产品经理在编写策略内容时最主要的是注意方案的完整性，尤其涉及数据参与计算的规则逻辑，许多边界条件都要定义清楚。同时，需要明确使用数据的表名及对应字段。这也是数据调研的必要性所在。

优先级定义是指当一个策略产品需求文档中包含若干策略需求内容时，需要指明每个需求的优先级，以便分配研发资源。这与其他类型的产品需求优先级定义一致。

（5）A/B 测试

A/B 测试是策略需求中非常常见的上线手段，策略产品经理需要在 PRD 中定义清楚 A/B 测试的版本、时间范围、测试方案以及执行者。同时，提前做好 A/B 测试平台资源对接以及相关权限分配的工作。

（6）埋点方案

埋点方案是策略产品需求文档中最基本的内容之一。很多产品经理认为只有涉及前端可视化类产品优化时才需要埋点方案，其他无须提供。这里有一个很大的误区，在第 2 章提到过埋点只需要保持一个原则就行——"想看什么数据，就埋什么点"，因此是否需要埋点方案不依赖于具体的产品形式，而是数据需求。比如为了比较不同版本的算法对整个策略的效果，需要采集不同版本的算法 ID，每个 ID 唯一标识一个版本，所以即便不涉及前端改动，也需要增加埋点来采集算法 ID。具体埋点方案如何定义、包含哪些内容，可以参考第 2 章内容。

以上六个模块就是一份策略产品需求文档最基础的内容。当然，在实际的工作中，不能为了写文档而写文档，可以灵活进行定义，增加或删除若干模块。比如在一些线上 Badcase 优化中，用 Excel 文档即可进行策略需求的定义和开发。Badcase 是指发生在线上产品中的有问题的案例。

3.4 小结

本章主要通过策略需求的视角来帮读者建立对策略产品的第一个认知。策略产品和普通产品没有本质的区别，都是一种解决方案的集合，但是策略需要关注的点更全面，尤其在策略需求阶段，定义策略需求的质量好坏直接决定了策略产品的成败。

3.1 节主要从策略需求分析的视角进行了讨论，面对新的策略需求，分析的视角会更加多元，其中数据调研环节尤为重要。同时，要改变过去需求对应一个确定的结果的认知，策略的上线是无法准确预估其收益的。这也体现了 A/B 测试在策略产品中的重要性。

3.2 节主要介绍了在定义策略需求时，应该追求完整性。除了一般的功能性、方案类需求，需求的量化、非规则类约束的定义都需要重视。

3.3 节探讨了一个优秀的策略需求到底应该怎么定义，抓住策略的本质即可。策略本身也是一种方案，因此定义策略需求同样需要从业务背景、用户场景出发，本着给业务带来价值的目标进行产品设计，这样才有可能避免舍本逐末。

第 4 章

策略产品经理能力模型构建

如今，不同的行业、不同的产品形态都有对应的产品经理负责产品从设计到上线全流程把控。尽管工作内容的侧重点上有所区别，但是产品经理的能力模型是通用的。图 4-1 所示的是在社会学领域划分的职场人能力模型，同样适用于产品经理。具体到策略产品经理，除了通用的职场能力模型之外，策略产品经理还需要具备哪些能力？

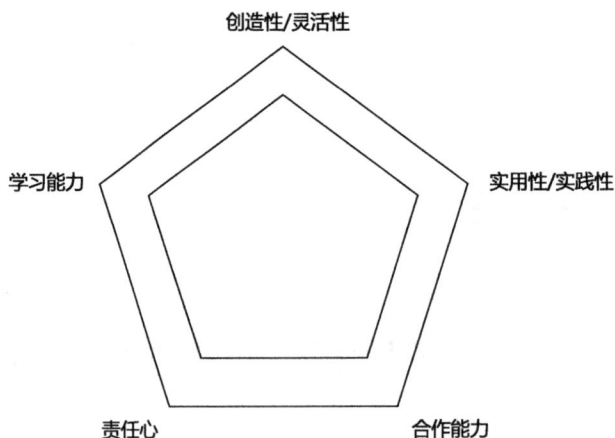

图 4-1 能力模型

本章将从介绍策略产品经理的工作流程开始，同时结合一个从 0 到 1 搭建推荐策略产品全流程的真实案例，希望读者能够从中总结到一个策略产品经理应该具备的能力模型，结合自己的实践总结出属于个人的方法论。

4.1 策略产品经理工作流程

由于策略产品根据其应用场景的不同会区分很多种类，策略产品经理将其落地的过程也大相径庭。比如广告投放产品和定价策略产品，虽然都属于策略产品的领域，但是其要求的知识体系以及具体目标是完全不一样的。尽管如此，我们还是能够从中看到一些共同点。其实，笔者在第 1 章也有提到，产品经理的工作基本从一个需求开始，到产品上线验证结束。这是一个完整的迭代，策略产品经理同样不例外。

4.1.1　勇于发现问题，有问题才有解决方案

需求来源于问题，因此策略产品经理的第一要务就是发现问题。很多时候，我们总是在避免问题，希望产品上线后能够完全按照我们的预期去走，这在策略需求中是不可能的。你可以通过既定的逻辑来保证一个页面上线的设计风格、页面布局，但是却无法保证策略上线后的确切收益，正如第 3 章中描述的那样，"策略需求是带有很大不确定性的"。因此策略产品经理要勇于发现问题，敢于面对问题。

1．问题的来源

前面的章节不止一次提到过，策略的本质还是为了解决问题，问题的源头也就是需求的来源，因此明确问题的来源是第一时间捕捉产品优化点的关键。策略需求通常来源于三个方面：业务运营需求、产品需求以及合作方需求。

在很多企业的协作流程中，与产品经理直接对接的是业务运营方，通常他们都扮演着需求提出方的角色，产品经理则是需求承接方，所以很多时候策略需求也被称作业务需求。业务运营人员是与产品一线的用户、客户接触最多的人，所以也能第一时间把用户、客户的问题传达给产品经理。面对业务需求，策略产品经理最需要做的事情就是从这些不同的声音中去判断哪些是问题、哪些是方案，哪些是产品能解决的、哪些是无法解决的。同时，很多产品团队为了第一时间了解一线用户的反馈，会建立定期与业务运营团队的沟通机制，一方面能够提升产品团队的问题响应速度，另一方面也能敏锐地把握市场环境的变化，以便做出应对。

产品需求是指由产品经理或产品团队内部发起需求，无论是在一开始项目规划阶段制订的迭代计划，还是在产品线上运行出现的问题，或者是通过数据分析中发现的

优化点，均属于产品需求，这种需求也最能体现产品经理的能力和价值。迭代计划的制订，产品经理既需要审视产品方向全局观，更需要具备对当下业务环境判断的敏感度；从数据分析中发现问题，则需要较强的数据分析能力，以及较高的对整个产品业务逻辑、交互流程甚至页面布局的熟悉程度。

合作方需求包含很多种，尤其是在一些 B2B 的项目中，很多的需求都来自第三方企业。

2. 你需要考虑的不仅仅是用户的问题

做互联网产品经理要有用户思维，需求以解决用户最痛点的问题为出发点。但需要注意的是在保证用户体验的同时，策略产品经理更应该关注业务价值的实现，这里的业务价值更多是指产品的商业利益。良好的用户体验有助于业务价值提升，但是当产品的商业化与用户体验发生冲突的时候，该如何进行协调甚至是取舍，就是策略产品经理的价值所在。

很多时候，有人会把产品价值和用户体验做比较，其实是没有必要的。首先，用户体验并不仅仅是界面设计的美丑，而是用户在使用产品过程中的切实感受，比如交互的流畅性、业务流程的效率等都能影响用户体验，所以良好的用户体验实际上就是产品价值的一方面。同理，商业价值与产品价值同样是相辅相成的，只不过用户体验是产品给用户提供的一种价值，商业利益则是产品向企业提供的价值。从这个角度来说良好的用户体验有助于产品实现其商业价值。

策略产品经理要改变审视问题的思维定式，在满足用户痛点需求的同时能兼顾企业的商业化诉求，这样的产品才具备真正的价值。正如第 1 章说的那样，新形势下的产品经理除了把目光聚焦于保证产品的用户体验上，需求的业务价值或者商业价值更需要引起重视。在当前形势下，产品商业价值的实现与否甚至直接关系到企业的生死存亡，所以，在很多流量分发场景中的策略产品经理除了关注用户层面的体验问题，也要重点关注商业化的考量。

3. 策略需求的分类

策略需求根据具体问题的场景可以分为三种类型：前端策略类需求、逻辑策略类需求和数据策略类需求。

前端策略类需求是指通过优化前端可视化界面来达到提升用户体验或者转化的目标。图 4-2 是京东 App 的搜索结果页。在搜索结果页的每一张卡片上，每一个元素的展示都有对应的策略，比如什么时候展示好评率、什么时候展示该商品的热榜排名，比如当一个商品有多种优惠券的时候，如何进行展示？每一种设计的背后都有对应的策略支撑，并不只是页面设计。

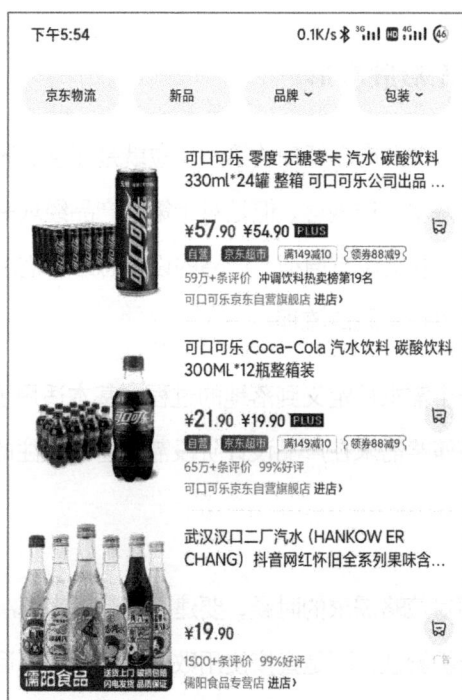

图 4-2 京东 App 搜索结果页

逻辑策略类需求一般是指通过优化后台工程逻辑来进行产品优化的需求。比较有代表性的就是处理产品线上的 Badcase，这是很多策略需求的触发点，在一些成熟的产品线上，甚至会通过数据监控机制来发现线上的 Badcase，以便及时进行跟进。常见的比如搜索推荐策略产品中的召回、排序策略优化，打车、外卖这类业务产品中的配单策略迭代等，它们都属于逻辑策略类需求。

数据策略类需求通常集中在数据预处理阶段，通过相应的规则、逻辑让数据参与计算达到对应的目标。在商业广告投放领域，为了提升广告投放的精准性，很多时候都会用到目标人群标签，比如年龄、收入、地理位置信息、近期偏好等。这些标签大多是通过收集到的用户基础属性数据以及线上行为数据遵循一定的规则加工得到的，这些都是数据策略类需求。

4.1.2 产品设计，无形胜有形

过去讲到产品设计，很多产品经理的第一反应就是原型、界面设计。交互设计的确是大多数产品经理的基本工作内容，但是对于策略产品经理来讲，在产品设计阶段不只是原型设计，而有时候会没有原型。产品的设计思路和需求密不可分，因此需求的具体内容决定了产品设计阶段的流程。

在第 1 章提到过一个需求从定义到落地的过程，基本适用于任何一个项目当中，因此本小节主要讲一下策略需求在产品设计阶段需要着重关注的环节。

1. 数据的应用

策略产品经理在面对策略需求的时候，要建立用数据来解决问题的意识，不仅仅是用数据来进行需求分析验证，而是直接使用数据解决问题。目前，很多产品在用户进入的瞬间，后台无数的数据、模型已经开始工作，最终输出用户应该在什么场景下看到哪些内容，整个过程都是数据在做决策，而其背后正是策略产品经理对数据的应用。例如知名的在线影片租赁提供商 **Netflix** 的首页，它的核心后台就是利用大量的用户基础属性数据、行为数据以及影片相关信息来进行决策，当用户进入网站时，展示的影片已经通过推荐模型计算出来了。

2. 策略与逻辑

在产品设计阶段，方案是最重要的一个环节。策略就是一种具体的解决方案，逻辑是策略对应的实现方式，两方面策略产品经理都需要关注。策略和逻辑直接决定了最终产品上线的形态以及用户看到的内容，影响产品的收益。策略产品经理在进行方案设计时，应该遵循以下三大原则。

全局视角制定策略。制定策略的触发点可能是某一个具体问题，但策略并不只服务于这一个需求，本质上还服务于整个产品，为产品的总体收益负责，因此在制定策略的时候，视角要着眼于产品总体，不能只局限于某一个问题。比如当业务反馈自身相关的品类时因为其物品本身的特殊性（比如拍卖品和正常商品的基础属性数据就有很大差异），导致在搜索结果页排序位置太靠后，期望通过修改排序策略来确保其品类的曝光度。如果最终的策略是按照业务建议的这样去做，因为流量和坑位都是固定的，所以势必会影响到其他业务的排序结果，最终无法协调平衡。

保证策略的鲁棒性。鲁棒性是描述系统健壮能力的一个专业名词，常用来指系统在异常情况下的生存能力。因为很多情况下，一个策略不可能把所有用户与产品交互时的场景全部囊括，很多异常情况，以及边界条件是无法用策略全部覆盖到的。这就要求线上的策略具备鲁棒性。一方面，避免交互上的生硬感，提升用户体验；另一方面，本来是一个可能无效的流量，带来了重新转化的可能性。图 4-3 是京东 **App** 在搜索无结果的时候的处理策略。

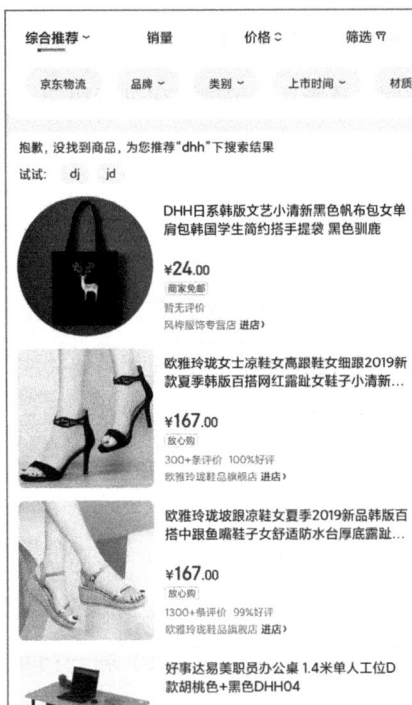

图 4-3　京东 App 搜索无结果时出现的页面

策略的价值量化。现代管理学之父彼得·德鲁克说过："如果你不能衡量它，那么就不能有效增长它。"通常一个成熟的产品线实现增长是很多方面综合作用的一个结果，包括产品、运营、业务、商务等。就产品端来讲，也不是一个功能、一个策略决定了整体产品的成败。比如一个完整推荐策略产品中可能包含几十个甚至上百个输入特征，对应若干模型，每个模型都有相应的召回排序策略，如何确定单个模型对推荐系统核心指标的影响？这就需要将每一个策略上线后可能对核心指标产生的影响进行量化，同时在每个策略上线时做好 A/B 测试和其他变量（比如页面改版、流量突增或突减）的控制，这样既有利于策略上线后效果的跟踪，也有利于问题的定位。

4.1.3　全程参与研发过程，实时调整

在策略进入开发阶段，作为策略产品经理要持续跟进，全程参与。很多其他行业的产品经理有一个误区，因为很多策略产品中会应用到模型、算法，所以他们认为策略产品经理需要非常熟悉算法知识，甚至是能够直接参与模型的调优。其实，完全没有必要，这里参与研发是指以策略产品经理本身的视角去和研发同事形成互补，进而去提高策略落地的效率。在整个研发过程中，作为策略产品经理应该关注以下几点。

1．数据的可用性

策略产品在开发阶段会用到大量的数据，无论是训练模型用到的训练集、测试集数据，还是直接应用于计算的用户行为、物品属性等数据，策略产品经理需要保证这些数据的可用性。首先，保证数据的来源可靠，很多时候同一张表、同一个字段，其中存储的数据含义可能是不一样的，因此策略产品经理最好在需求调研阶段明确数据来源，同时在开发过程中要随时响应数据使用问题。其次，要基于对业务和应用场景的判断，对数据处理的细节进行定义。比如哪些数据需要实时同步、哪些需要 T+1 同步。

因此策略产品经理需要熟悉数据流转的每一个环节，如图 4-4 所示，产品线上数据的流转从埋点采集开始，一直到外部应用大概会经历四个过程。日志数据是通过埋点采集上来的源数据；底表是源数据经过第一次清洗形成的结构化数据，比如浏览表、订单表、新增用户表等，这些表可用来进行基本的增、删、改、查操作；数据仓库是经过又一次加工形成的按照不同主题进行组织的数据；数据集市是根据不同的业务、不同的应用把数据仓库中的数据进行分类得到不同的数据集市。

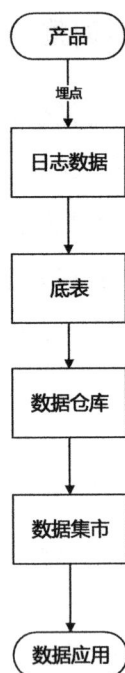

图 4-4　数据流转过程

2．及时响应策略调整

在第 3 章笔者曾经提到策略需求具有上线后结果不确定的特点，因此为了保证上线后的效果朝正向发展，在策略研发阶段，及时调整策略是不可避免的。策略的调整要有依据，所以很多研发团队都有专门的平台用来支持内部人员观测对比策略上线前后的效果。

作为策略产品经理，需要提前做好下面三件事情：第一要明确定义需求的预期效果和收益指标；第二要确定策略上线的标准，比如模型的准确率、多样性指标等；第三需要准备降级方案，以便及时应对策略紧急调整。除上述三件事情外，更为重要的一点是要管理好需求方的预期，尤其是在采用算法模型、人工智能相关技术的策略产品中，面对没有相关经验的业务运营团队，需要客观沟通策略上线后的效果。

4.1.4 持续迭代，没有最好，只有更好

我们经常用"酒香也怕巷子深"来体现产品运营的重要性，产品上线仅仅是一个开端，能否取得成功还需要不断地去打磨，策略产品同样如此，也需要通过不断的迭代来保证策略的收益持续正向发展。在很多互联网企业，产品运营会由专门的运营部门进行主导，产品经理这时的工作更偏向产品支持。但策略产品并不是这样，策略上线后策略产品经理的工作才开始面临最大的考验。

首先，策略产品经理需要关注策略上线后的效果是否符合预期，对于前端策略类需求，策略会直接呈现到产品界面上，通过走查的方式进行跟踪验证；其次，需要持续关注核心指标的趋势，一般情况下，新策略的上线都是通过 A/B 测试来进行验证的，如果发现核心指标的趋势不如旧版本，或者发生异常，则需要改变策略，甚至停止 A/B 测试。

如何在策略上线后发现迭代的机会点？除了常见的数据分析手段之外，Badcase 修复也是一个很好的切入点。比如搜索连衣裙的时候，搜索结果排在第一个的商品好评率非常低。在很多策略产品团队中，会有专门的策略产品经理负责 Badcase 收集，然后进行分类，集中优化。这种策略迭代的好处就是可以很直观地看到问题，然后定位到原因，更加方便做出优化方案。

4.2 如何从 0 到 1 搭建一款策略产品

虽然互联网的"上半场"已经走完，但不得不提的是目前数据的应用只有在大中型企业里才会看到，很多中小企业还处于未开始状态。因此作为策略产品经理，无论是从个人职业发展的角度，还是从企业需求的角度都需要具备从 0 到 1 搭建策略产品

的能力。除了职业生涯，在其他领域每个人也都需要具备这种从 0 到 1 的创新能力。

著名思想家、投资者彼得·蒂尔在他的著作《从 0 到 1：开启商业与未来的秘密》中说道："当然，照搬他人的模式要比创造新东西容易。做大家都知道如何去做的事，只会使世界发生从 1 到 n 的改变，增添许多类似的东西。但是每次我们创造新事物的时候，会使世界发生从 0 到 1 的改变。创新的行为是独一无二的，创新发生的瞬间也是独一无二的，结果新奇的事物诞生了。"创新很重要，不过在实际的实施过程中，你会发现：从 0 到 1 难的不是产生一个很稀有的想法，而是你的执行力如何整合资源把这个想法落地；而从 1 到 n 难的不是落地，而是你对产品方向的把控能力，规划正确的产品发展路径，确保产品茁壮成长。本节将以从 0 到 1 搭建个性化推荐策略产品为例，来讲述如何从 0 到 1 搭建一款策略产品。

推荐系统发展到现在将近 30 年了，最早的推荐系统可以追溯到 1994 年，明尼苏达大学双城分校的一个研究小组开发了一套名为 GroupLens 的新闻内容推荐系统。该系统不仅第一次提出了向用户推荐新闻时使用协同过滤的策略，并且为个性化推荐的应用建立了一个可用模型，为后续个性化推荐系统的研究和商用奠定了坚实的基础。当然，将推荐系统的研究推向高潮的正是 Netflix 百万美元大奖赛，其后大量的关于个性化推荐系统、算法模型、推荐策略研究团队如雨后春笋。个性化推荐系统是一种典型的策略型产品，它既包含了数据分析处理、算法模型的应用，也包含了对业务思考之后的策略整合，因此很具代表性。

4.2.1 一场信息处理的变革史

先回顾一下整个互联网阶段对信息处理的演变过程。随着信息技术和互联网的发展，一方面用户足不出户就可以得到大多数的信息，但是另一方面却逐渐受到很多无关信息的打扰，从而产生了信息过载。为了解决信息过载的问题，对信息处理的过程大概经过了三次演变。

第一次演变即以门户网站为代表的分类处理技术。通过对互联网的内容进行分类处理，并且在用户端进行不同入口的展示，极大地方便了用户根据类别来筛选自己感兴趣的内容，极具代表性的就是搜狐、腾讯、网易、新浪门户，如图 4-5 所示为新浪网首页。但是，随着内容越来越多，分类也越来越多，太多的分类对用户来说也造成了信息过载，随即出现了第二次演变。

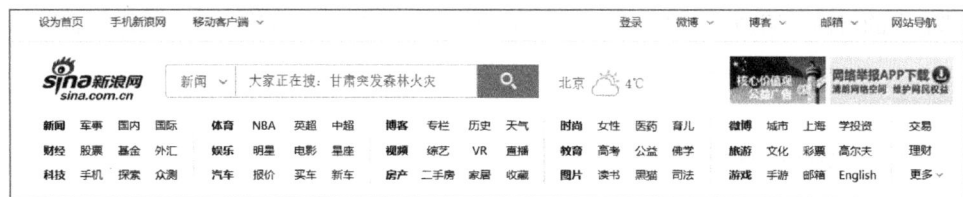

图 4-5　新浪网首页

第二次演变即以 PC 互联网时代 Google、百度为代表的搜索引擎。用户可以根据自己明确的目标需求通过关键词查找的方式找到目标内容，繁重的检索工作交给了机器去处理，极大地提升了用户查看信息的效率。不难发现，搜索其实是解决了用户在有明确目标的情况下信息检索的需求。但是如果用户没有明确的目标呢？这时候搜索引擎也无能为力。紧接着，第三次演变到来。

第三次演变即移动互联网时代的个性化推荐，也即"千人千面"，每个人看到的都是单独为其量身打造的内容。和搜索引擎不一样的是，即使用户不主动为机器提供明确的需求，机器也可以根据其在互联网上发生过的相关交互行为，给用户推荐其可能最感兴趣的内容。对于没有过任何行为的用户，也能通过一定的策略保证用户看到质量最"好"的内容。

简单来说，个性化推荐的总体思路就是根据用户的历史行为进行用户兴趣建模，结合内容的特征，为用户提供最能满足其兴趣和需求的内容。而推荐策略解决的问题就是如何能够推荐出让用户满意、让业务受益的内容。这里的内容不限其具体的形态，可以是商品、文章、服务等。

4.2.2　什么样的业务适合推荐策略

个性化推荐系统的根本目标还是为业务带来真实价值，只是在不同的业务模式下，无论是算法模型的选择，还是采取的业务策略都不一样，追求的目标方向也不尽相同。比如电商行业的推荐系统的目标是提升订单转化率，最终目标还是提升商品销售额；在内容领域，个性化推荐系统的目标是提升用户的停留时长；在商业广告领域，其追求的目标是用户对广告的点击率。但很明显无论是在业务模式上，还是在应用场景上都有它们共同的特点。

1．丰富的内容和用户数据

推荐系统的初衷就是从海量的内容当中选出用户最感兴趣的内容，所以首先要有海量的内容池，在推荐系统中也叫候选集或者物品池。如果候选物品的数量不足，就没有选择的概念了，无论是从用户的角度还是平台的角度，都没必要投入很大的成本搭建这样一个系统。

同时，在推荐系统中用户和内容是相辅相成的，它本身就是被用来联结用户和内容的，如图 4-6 所示，推荐系统就像一个过滤器能够把需要的东西输出。所以从这个角度来讲，有海量内容，就需要丰富的用户行为数据与之对应，缺少任何一环都会导致策略的实施没有数据可依。

另外，从算法模型、推荐策略的角度来讲，一个策略从诞生，到上线，再到验证，整个过程都需要海量的数据参与，比如用户画像的建立、物品特征的提取、算法模型训练、指标验证等，海量的数据能够确保整个过程的准确性、可行性和科学性。从用户流量的角度来看，个性化推荐的另一个非常重要的目标就是提升流量的利用效率，这种利用效率可以直接体现在 CTR、UV 价值、RPM、GMV 等具体指标上，否则就没有意义。因此，如果业务还在发展初期，并没有多少用户，那么从产品目标本身角度来讲，这个时候应该主要以流量增长为导向，而推荐策略并不占据很重要的优先级。

用户　　　　　　　　　物品

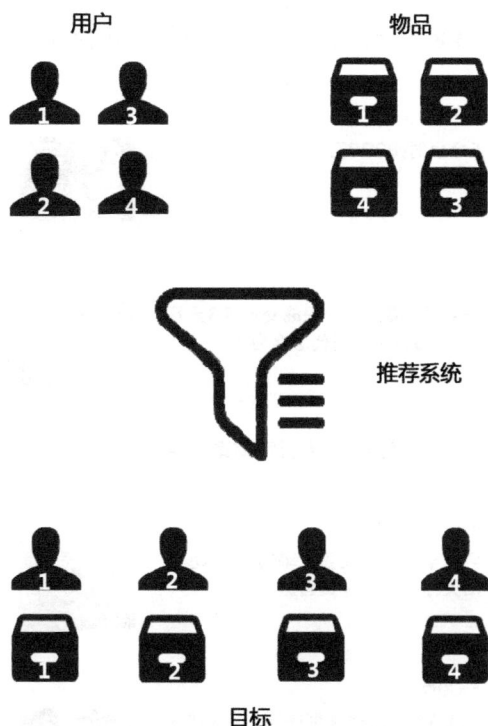

推荐系统

目标

图 4-6　推荐系统示意图

2．非工具类业务

工具类业务从其诞生一定会有一个明确的目标，对应的用户也有非常明确的需求，比如美图秀秀，用户使用产品的目的就是进行图片编辑，不会关心其他内容，所以这种业务在核心流程上很少会搭建一套推荐策略产品，也正是这种现状导致工具类业务很难实现其商业价值。一般来说，目前应用个性化推荐策略比较多的领域包括电商、视频、音乐、阅读、社区、社交、广告、基于位置的服务等。

不过，目前很多工具类产品在提供核心功能服务的基础上，开始尝试在其他场景使用"千人千面"策略，助力产品商业价值的实现。比如资源位的广告投放，通过个性化推荐的策略提升广告点击率；通过增加个性化内容推荐 Feed 流来增加用户的停留时长。如图 4-7 和图 4-8 所示，是支付宝财富模块中向不同用户推荐的内容。

图 4-7　支付宝财富内容（一）

图 4-8　支付宝财富内容（二）

3. 用户逛的场景居多

用户碎片化的时间越来越多，用来在产品上"闲逛"的时间也就越多，在争取用户注意力这条道路上，能够基于用户的历史行为实时、精准地推荐用户感兴趣的内容可能是一种最高效的方式。无论是淘宝、京东这种电商类 App，还是诸如抖音、快手等比较火的短视频类 App，"千人千面"都成为产品流量分发的核心机制。

总的来说，个性化推荐目前已经成为一种新的趋势，基本每一个产品必备一个对应的模块。不过，是否值得投入很大的资源去做一个看似高大上的推荐系统，还是需要结合业务现状、期望目标进行综合判断。

4.2.3　搭建推荐策略产品需要具备哪些条件

1. 结构化数据的质量是前提

过去很多企业在讲三大驱动：产品驱动、运营驱动、技术驱动。现在又开始讲数据驱动，笔者觉得更全面的说法是结构化数据驱动。结构化数据的定义：结构化数据也称作行数据，是由二维表结构来进行逻辑展示和表达的数据，严格遵循数据格式与长度规范，主要通过关系型数据库进行存储和管理。第 3 章有提到过，在策略需求分析阶段，一个非常重要的环节就是数据调研，这也是搭建推荐策略产品的一个重要的前提条件，需要着重关注以下几个方面。

（1）产品埋点质量

埋点是唯一能够准确、实时地采集到线上用户行为数据的手段，而对于联结用户和物品信息的推荐策略产品来说，用户行为数据的重要性就不言而喻了，因此第一步就需要评估产品埋点的质量，确保数据采集的环节准确无误。关于产品埋点的知识在第 2 章重点进行了讲解，到了这一步，策略产品经理着重关注的包括如下几点。

首先，产品页面是否都添加了埋点。评估当前方案需要用到的数据来源，然后检查对应的页面是否有引入埋点采集工具，确保源数据能够被采集到。从数据的角度来讲，所有产品上线都应该添加埋点，尽管有时候某些页面的数据可能永远用不到，但数据对企业来说就是一种资产，它的价值可能不在于当下，而在于未来。

其次，评估数据是否能够准确上报。加入埋点仅仅是确保数据可用的第一步，真正能够让数据变成结构化数据的是源数据的上报，最终落到对应的数据表当中。

产品埋点质量的检测是专业测试工程师除了功能测试的另一个主要工作内容，同时，策略产品经理也可以完成产品埋点质量的自测。比较常用的调试工具 Fiddler 就是一款经常被用来进行埋点质量检测的专业软件，通过这个软件可以看到每一步操作后数据交互的情况。另外，也可以用浏览器自带的 F12 功能来进行埋点质量的检测，如图 4-9 所示，可以显示当前操作对应的日志记录。如果在企业内网中进行操作，从日志中就能看出当前页面采用的埋点采集工具、上报的数据类型等。

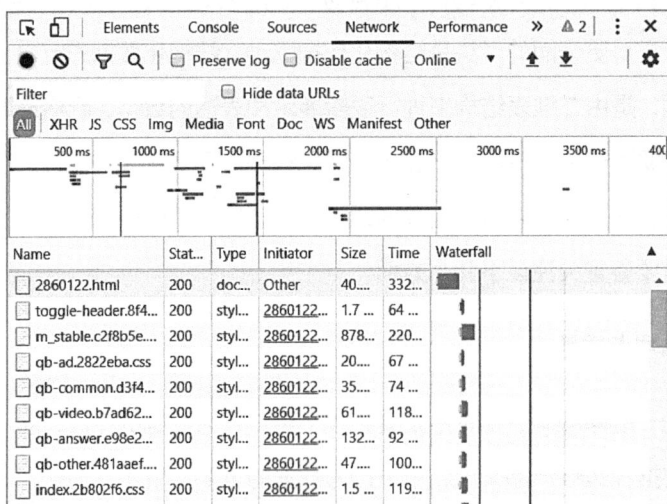

图 4-9　浏览器 F12 工具

（2）数据是否存储

埋点仅仅解决了线上数据采集和上报环节的问题，至于是否能够真正发挥其数据价值还需要看这些数据是否被存储下来。数据存储是保证数据可用性的关键手段，就像城市中的摄像头，如果仅仅布置了一个可以实时显示当前区域内景象的工具，从长远来看，在城市建设方面发挥的作用很受限制。

笔者曾在一个项目的实施过程中就遇到过类似的问题。项目的方案需要用到 UUID 来进行用户身份标识，从产品的日志来看 UUID 有采集和上报的，但是却没有在数据表中把这个字段存储下来，导致无法在逻辑开发中直接使用。如果进行表结构改动，做研发的人应该知道，这个工程量和复杂度绝对不小，从而导致整个项目的方案变更，甚至延期。

（3）数据库设计是否合理

这里并不是指策略产品经理要去评估研发的数据库设计问题，而是需要调研清楚数据表结构是否支持工程化实现。笔者见过很多业务线的后台数据表结构就是按需建表，没有统一的规划，研发团队各自为战，每一个团队如果需要数据就按照自己的需要建立对应的表，导致后台表结构很乱，一个字段可能在很多的表中都存在，而且字段的定义不一样。就像一个大的房子，没有提前做统一规划，而是按照各自的需要进行分割，结果可想而知。

不合理的数据库设计最主要的影响就是在数据应用的过程中，同一个字段需要不停地找对应的负责人进行沟通确认，进行取舍，结果就是本来三天就可以进行方案开发，会延期一周甚至更长的时间用来处理这些问题。总之，不合理的数据库设计，会导致工程效率十分低下。

拿推荐策略产品的搭建来讲，结构化的数据主要有两个作用：一是用于用户行为特征的建立以及推荐结果的召回，比如点击行为、关注行为、加购行为、下单行为等；二是用于对推荐效果的验证，主要是通过线上埋点采集数据，计算相关指标以及进行推荐效果检验。

这些都是笔者亲身经历过的事情。可以说，以上三点直接决定一条业务线是否能够做数据应用。记得在一次内部的会议上，负责搜索推荐的总监说过一句话：底层数据如果属性不全，最好的规则也白搭。作为策略产品经理，需要引以为戒。

2. 有场景才能发挥真正的作用

前面的章节也有提到，不是所有的业务都适合做推荐策略产品，其中最主要的是要看这个业务的产品矩阵当中是否有比较好的应用场景进行支持。一般来说，下面两种是非常典型的推荐系统应用场景。

（1）更加高效地满足用户需求

当用户需求与内容发生交互的时候，目前产品的处理方式无非有两种：一种是用户主动去搜索，所以可以看到大多数产品都提供了搜索功能；另一种处理方式就是内容平铺呈现，无论是 Feed 流的方式，还是页面的方式。对于有明确需求的用户，搜索无疑是最高效的手段，但是对于需求模糊的用户来说，如果能第一时间给用户呈现好的内容，就是一种非常好的体验。

比如购买笔记本电脑的用户，只有一小部分熟悉科技类产品的评测，可以明确自己的购买需求，大部分人还是无法在品牌、配置、价格三种要素之间进行协调来确认自己的需求。如果仅仅依靠用户通过多次反复搜索、对比，然后下单，这个转化率一定不会太高。因此，对于产品来说，如果能够通过一定的策略把性价比高、品质好的产品推荐给用户，逐步引导用户产生消费行为，这样无论是从业务价值的实现，还是从用户体验上来说都是最好的。

也有人把这种场景定义为"千人一面"，就是把平台内最"好"的东西展示给用户，这个"好"的标准随内容的不同而定义不同，比如对于商品来说是性价比高、好评率高、销量高，对于内容来说就是浏览量高、点赞量高、转发量高等。

（2）满足用户的个性化需求

一个产品有时候会提供很多不同的服务，这些服务隶属不同的业务线，尤其是一些大的平台。比如在淘宝、京东 App 上，除了可以进行商品的选购，还有拍卖、互联网医疗等服务。在很久之前，如图 4-10 和图 4-11 所示，无论是旧版的淘宝，还是京东，整个 App 首页的布局就像是一个线上的大型超市，每条业务线都会有一个对应的货架用来陈列自家的商品，每一个货架就是一个频道。

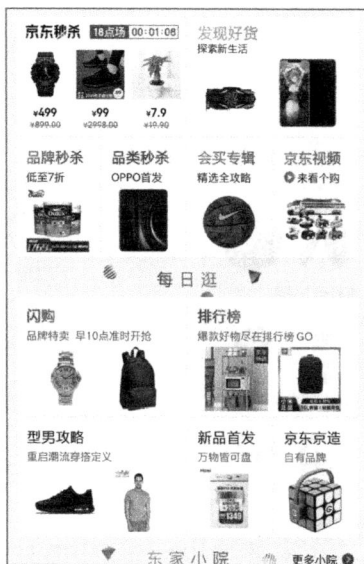

图 4-10　旧版京东 App 首页　　　图 4-11　旧版淘宝 App 首页

　　但是，通过数据分析发现，这种首页的布局对于流量分发是十分低效的。首先，每个用户的注意力是有限的，每次只能选择其中一个频道进入，如果频道内并非用户感兴趣的商品，那么这个流量很可能会流失了；其次，这么眼花缭乱的首页对用户来说更多的是一种干扰，而非决策辅助，因为很多用户经常关注的可能仅仅是其中一个或者两个频道。基于这样的出发点，个性化推荐成为一种非常合适的解决方案。当我们掌握了大量用户行为数据的时候，就可以清楚地描述用户的喜好，比如他喜欢的品类、能够承受的价格等，从而去建立每个用户的标签模型，也叫用户画像，依据画像就可以满足其个性化需求。

　　这种场景通常可以称为"千人千面"，通俗点理解就是每个人看到的首页都不一样，最新版本的淘宝、京东首页逐步开始切换为以"千人千面"智能方案为主的布局。图 4-12 是淘宝 V9.4.0 安卓版，除了底部"猜你喜欢"模块完全采用"千人千面"的策略，虽然上面是固定的七个频道，但无论是外露商品还是频道内的商品全部以"千人千面"的方式进行呈现。所以现在一般不叫淘宝购物，而叫"逛"淘宝，这种"逛"

的背后就是数据决策在驱动。

图 4-12　新版淘宝首页

不难发现，在不明确用户目标的情况下，个性化推荐有助于高效、精准地推荐给用户最满意的物品，是这些场景下的不二之选。

4.2.4　搭建策略产品的流程

1. 确定产品目标

如今再也不是移动互联网刚兴起的时候，随便一个 App 就能获取百万用户，依靠用户体验即可取胜的时代了。并不是说用户体验不重要，而是用户体验逐渐像电力一样，越来越成为产品的基础设施了。好的产品用户体验一定好，不好的产品用户体验不一定差，这其中的唯一区别就是产品能否带来价值。再具体一点，就是能不能切实地为用户解决实实在在的问题，为业务带来增长。

从推荐系统诞生的初衷就可以看出来，推荐策略是为了更加高效、准确地满足用户的内容需求，提升流量利用效率，因此归根结底推荐策略产品的目标还是解决用户痛点，同时要兼顾业务价值的实现。所谓的业务价值，就是做了推荐策略能为业务增长带来什么，最终的 KPI 绕不过的就是利润。商业，莫不过如此。

不过，即便是利润，也可以拆解为若干指标来看，因为一个企业的经营就是一个协作生产的过程，每个团队、每个人都有其主要的价值生产点，尤其对于策略产品经理来讲，怎样衡量每一个上线策略的收益，是体现产品经理价值的关键所在。笔者把和策略价值相关的指标分为三大类，每一个指标都可以转化为对利润的贡献率。

①流量增长类型。对于一个全新的业务，初期一般比较关注业务体量的增长，通过快速占领用户心智来获得相应的市场份额，其中最直接的一个指标就是该业务下产品的用户体量增长。另外，产品本身的形态也还在逐渐完善当中，迭代速度较快，因此初创业务一般以流量增长类型的指标作为策略产品的衡量指标，常见的有 PV、UV、DAU、MAU 等。

②转化率提升类型。这种类型的指标一般多应用在发展中的业务线上。首先，从业务体量上来说，经过 2~3 年发展的活跃用户数量以及结构都比较固定，且有稳定的增长来源。其次，长时间的产品迭代、打磨，使得整个业务流程、产品形态趋于稳定，因此策略产品此时更关注进入产品内流量的转化率，常见的指标有 CTR、CVR、UCTR、RCVR 等。其中，推荐策略产品最常用的是 CTR 和 CVR。

③和收入相关的类型。在一个相对成熟的业务环境中，策略产品的目标一般直接被定义为和收入相关的指标。常见的有 UV 价值、RPM、GMV 等，这些都是和企业利润直接相关的指标。其中，推荐策略产品最常用的是 UV 价值和 RPM。

以上所有指标的定义可以参考 3.2.1 节关于 Web 和 App 的常见指标，为策略产品的效果制定指标是对其目标量化的一个过程。总之，在开始搭建策略产品之前，明确用户需求和应用场景的同时，着重考虑商业价值的实现也是一个成熟的策略产品经理应该具备的能力。比如接入广告在策略产品中是不可或缺的一个商业变现环节，如图4-13 所示是淘宝的一个页面，其中第二张卡片是广告位，那么作为策略产品经理就需要考虑如何平衡用户和广告主的目标，具体的穿插策略怎么设计才能使收益最大化。

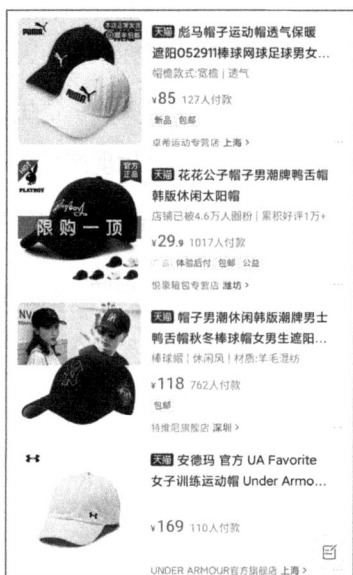

图 4-13　策略产品中的广告穿插

2. 推荐策略产品实施过程

（1）工业级推荐系统架构

这部分内容讨论搭建推荐策略产品的过程。当前工业级推荐系统的整体架构如图4-14 所示。可以看出，工业级推荐系统架构一般包含三个核心模块——多路召回、综合排序（通常包括粗排和精排）和策略干预，大部分的推荐系统基本都是围绕这个架构进行扩展或者精简的。

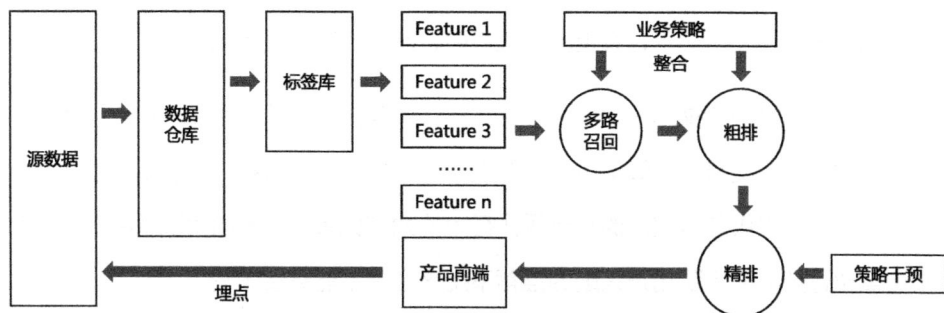

图 4-14 业界常用推荐系统架构

多路召回是指系统会按照预先制定的不同策略模型在候选集中过滤出符合条件的物品。一方面是为了从不同的维度过滤出用户可能感兴趣的物品，另一方面大大降低了候选物品的数量，为后续的环节提供了便利。

综合排序是指系统会采用算法，结合对应的排序策略对召回的结果进行排序，保证优质结果的曝光量，从而提升流量转化率。一般综合排序会分为粗排和精排两个阶段，粗排阶段会利用算法等智能化手段进行初步排序；精排阶段是指在粗排结果的基础上，添加更细致的业务策略进行排序。

策略干预是对呈现给用户的最终结果进行干预，通常是为了满足特定的业务需求，比如新品扶持、广告穿插等。

除了以上三个核心模块，数据处理也是重要的一环。其实也不难看出，正是由于数据的流转，推荐系统构成了一个完美的闭环。

（2）数据预处理

数据预处理是从源数据到可决策数据的一个处理过程。源数据是指通过系统日志上报最基本的数据，它包含用户在平台上的每一步操作记录，比如用户在平台上购买一台联想笔记本电脑，那么日志信息中会包含用户从首页到订单完成页的每一步操作的详细信息。

源数据未经过任何加工，直接落到底表中，比较零散，且不成体系。

拿支付订单这一步操作来举例，相应日志会包含：支付时间、用户 ID、设备、购买物品名称、一级类目、二级类目、三级类目、价格、支付价格、优惠价格等字段。可以看出源数据仅仅是对用户的平台操作行为的如实记录，并不能用于做决策，因此对于希望通过数据来判断用户兴趣的推荐系统来说并不能直接采用。

可决策数据是对一个时间窗内该用户大量的操作行为数据的综合判断，通过一定的规则进行计算，最终通常以标签、画像的方式进行存储，这样可以直接用来判断用户喜好。很显然，用户刚购买了一件 5000 元的衣服与用户过去一个月经常购买 500 元的衣服相比，在对用户购买力的预测上，明显后者会更准确。源数据和用户画像的区别可以这样比喻：源数据是你买了一个什么物品，画像则是你喜欢买什么物品。所以源数据仅仅是一种事实的记录，而画像是做决策时可以参考的依据。

通过数据预处理可以把源数据加工成数据模型，进入对应的数据仓库，这些都是加入了人工策略的数据，对这些数据进行包装及产品化之后就会形成用户标签类、画像类产品。基于地理位置服务（Location Based Services，LBS）的推荐系统在生活服务类产品中很常见，系统中一般会用到多个用户地理位置标签，那么用户居住地址和用户工作地址该如何进行定义？我们可以通过技术手段获取用户当前地理位置，但是如何区分这个地理位置是居住地理位置还是公司地理位置？这时就需要制定人工策略进行计算。比如统计用户近一个月内，工作日、工作时间内（早 8 点到晚 9 点）经常出现的地区，由此得到用户公司的地理位置标签；统计用户近一个月内周末、休息时间（晚 9 点到次日 8 点）经常出现的地区，即用户居住地理位置标签。当然也可以使用其他方式来进行判断。

对于用户标签类、画像类产品，推荐系统可以直接进行对接。这类产品的工作本质仍然是基于源数据提取用户特征，进而生成用户画像，因此数据预处理阶段实际上是一个用户分析的阶段，而策略产品经理在这个阶段的重点就是产出对应的策略。

（3）多路召回

大多数推荐系统在召回环节基本都采用混合模型，比如为了应对冷启动，会用到热门推荐模型，在没有足够的用户行为数据无法判断用户偏好的时候对平台比较热门、质量比较高的物品进行推荐，最大程度地留住用户。另外，也会用到物品协同过滤、用户协同过滤策略来满足个性化推荐需求。图 4-15 就是一种常见的召回模型结构。

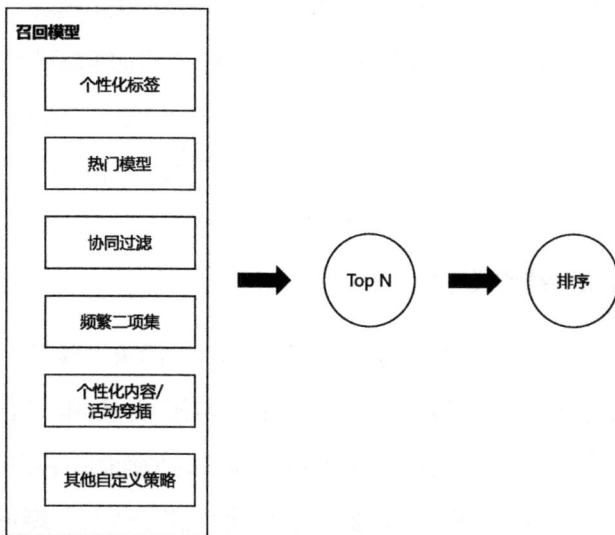

图 4-15　多路召回策略

召回模型中常包含个性化标签、热门模型、协同过滤、个性化内容/活动穿插等策略，每一个策略模型通常被称作"一路"，因此这种混合模型的推荐系统也被称作多路召回。一些特殊业务线还有其他自定义的策略，比如前面曾经提到的拍品推荐的案例，捡漏儿是一个很常见的用户心理，因此筛选出捡漏儿物品并且进行召回就是一个很重要的策略。

每一路都会按照 Top N 的思路进行召回，通俗点讲就是从候选集中过滤出符合召回策略并且"质量好"的前 N 个，质量通常是通过物品的一些特征计算出的综合得分。比如商品质量可以通过销量、好评率等特征进行量化。具体到每一路的 N 值选取有很多种方法，按照业务优先级，设置每个业务不同类目的召回比例就是一种常见的方法。

策略产品经理在决定整个策略模型的方案时，通常应该参考具体的业务形态以及应用场景来决策。比如电商类产品首页的推荐模块，通常考虑的是用户的长短期兴趣标签，对应的策略可能就是通过用户近期的点击、收藏、加购、下单等行为来判断用户感兴趣的类目，从而召回对应的物品；对于中间过渡页的推荐模块，由于此时用户正在决策的过程中，因此通常会考虑用户的实时兴趣，对应的策略可能就是用户当下的 session（会话控制，一个 session 代表用户与网站的一次独立会话交互）内的浏览路径，进而预测其下一步可能浏览的物品；订单完成页的推荐模块则更注重与当前下单商品相关联的物品，这样才更有可能激发用户继续购买的欲望，比如如果用户购买了圆珠笔，则可能会继续购买笔芯。

从时效性上来讲，一般召回策略会分为两种：实时召回和离线召回。实时召回，通常基于用户在平台上的实时行为，实时抽取其行为特征，并且召回符合特征的物品，近乎实时地更新推荐结果。其好处就是时效性高，能够更准确地抓住用户当下的意图。但是需要经过大量的计算，耗费资源较多，对系统性能影响较大。离线召回，主要是通过日志数据来计算用户偏好，周期性（比如 T+1）更新推荐结果，并返给产品前端，通常会基于用户长期兴趣特征来进行推荐。

（4）排序策略

其实，在很多个性化推荐系统的召回阶段，如果候选集较大、符合条件的召回物品较多，通常在这个阶段就会加入一个排序的过程，主要是为了控制召回物品的数量。

排序从本质上来说也是一种流量分发的策略，其本质的目标还是使"好"的物品尽可能在最靠前的位置曝光，从而提升转化率。在粗排阶段，排序策略的实现一般采用算法模型，比如 LR、FM、WDL、GBDT 等，具体可以阅读第 3 章相关内容进行学习。算法模型的实现是算法工程师的职责，策略产品经理需要关注什么？首先，他们要做的就是明确排序的目标，比如排序的目标是销量最大化，还是销售额最大化，还是转化率最大化。这会关系到算法工程具体的实现方案。

其次，排序还有一个非常重要的环节就是排序结果要实现与业务、运营活动等需求的整合，也叫精排，一般是指通过一定的手段去干预呈现在用户面前的最终排序结果。粗排是基于模型跑出来的排序结果，过程完全自动化；而精排阶段则是在这个基础上加入了对业务目标和应用场景因素的考量。策略产品经理需要做的就是在不影响产品目标、用户体验的前提下对业务干预类需求进行整合。比如业务有新品类上线，要在排序阶段对新品进行流量扶持，那么如何与其他品类的物品进行排序，达到新旧业务的平衡；商业部门要在排序结果中插入广告，怎样指定穿插策略，既能保证广告主的利益，又能确保用户体验不受伤害。图 4-16 是淘宝 App 首页"猜你喜欢"模块，其在推荐商品流里面插入"防疫防毒官方补贴"的运营活动，这就是一种推荐模块对运营活动需求的支持。

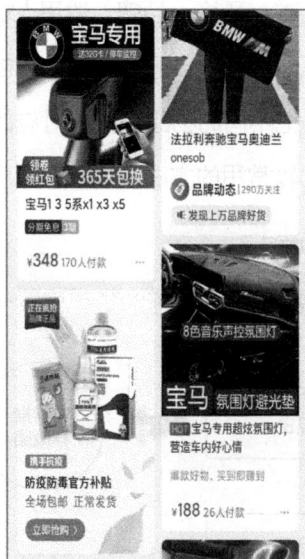

图 4-16　运营活动模块在推荐结果中的展示

4.2.5 六种常见的推荐策略产品思路

随着推荐系统在各行业的应用，发展到今天已经有了很多成熟的模式，无论是底层技术，还是顶层应用，推荐系统扮演着越来越重要的角色。尤其是商用推荐系统，在电商、社区内容、短视频等领域发挥着越来越重要的作用。

通常应用推荐系统的目标无非就两个：从平台来说是提升转化率，从用户来说是提升体验和效率。作为一名推荐策略产品经理，完全没必要重造轮子。本节介绍六种推荐系统搭建的策略，只需要在这些常用策略的基础之上，贴合业务进行微创新即可搭建可用的推荐产品。

（1）基于内容的推荐策略

图 4-17 就是基于内容推荐策略的思路，为用户推荐与其过去感兴趣物品类似的物品。这个策略的核心在于基于用户过去感兴趣的物品，建立起物品的相似矩阵。其中物品间的相似性是基于物品的一些特征进行量化计算的。例如某个用户过去对一件衣服感兴趣，那么会对衣服从品类、风格、品牌、适用人群、价格等特征上进行量化，然后在候选集中找到品类、风格、品牌、适用人群、价格等特征与之相似的物品，推荐给用户。核心过程实际上是把不同的物品表征为对应的特征向量，然后计算不同特征向量之间的相似度，业界比较常用的方法有余弦相似度计算。

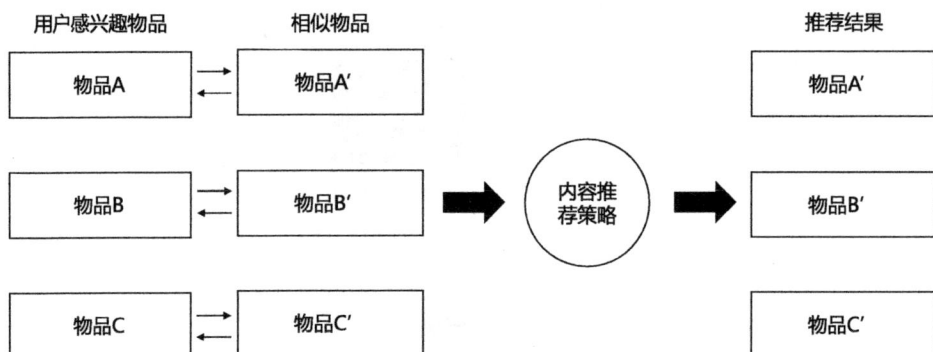

图 4-17 基于内容的推荐策略

（2）协同过滤推荐策略

协同过滤推荐策略可以说是商用推荐系统最常用的一种策略，当下采用最多的是基于用户的协同过滤和基于物品的协同过滤，这两种方法的核心在于通过用户对物品的评分来判断不同用户、物品之间的相似度，它有一个前提假设就是：兴趣相投、拥有共同喜好的群体对其他人感兴趣的内容也可能会有好感。用户对物品的评分包括显式评分和隐式评分两种。显式评分是指直接对物品进行打分，比如用户对购买过的商品打 5 星或者 3 星评价就是一种显式评分；隐式评分则是用户行为的量化，比如用户在某个物品的详情页停留时间较长，很多推荐策略中会把这个行为当作一种正向意图，给予较高的分值进行行为量化。通过大量的评分就可以对有相似评分的用户和物品建立相似矩阵。

发展到现在，协同过滤策略在商用推荐系统中的应用已经很全面了。但是用户协同过滤和物品协同过滤这两种策略有非常明显的劣势，就是在用户行为数据缺乏的时候，很难建立相似度矩阵，也就是需要通常说的冷启动；同时，要求物品、用户达到一定的规模，这样才能有足够的数据用来建立相似关系。

（3）基于人口统计学的推荐策略

基于人口统计学的推荐策略是基于人口统计信息进行推荐的方法。它的前提假设是不同人群的文化和喜好有较大的不同。比如有很多网站会根据用户的语言和国家，进行不同的推荐。这种推荐由丁其精准性受限，当下采用得比较少。

（4）基于知识的推荐策略

基于知识的推荐策略的核心是基于某一特定领域的知识库进行推荐。构建知识库的目的就是在已知用户需求的情况下，从候选集中推荐合适的物品，促成转化。一般这种推荐策略应用在专业度比较高、用户需要重决策的行业内，比如医疗和金融行业，很多都采用基于知识的推荐策略。这种策略的难点在于知识库的搭建，同时需要产品端提供相关功能用来收集用户内容偏好，如图 4-18 所示。

图 4-18　用户偏好收集

基于知识的推荐由于不需要用户对物品的评分数据，因此不会面临冷启动问题。另外，这种推荐策略衍生出一种基于约束的推荐系统，主要是指基于一定的规则进行推荐。规则需要在业务专家充分调研之后进行确认，这样才能保证推荐结果是用户想要的。这种方法在推荐系统搭建的初期，是一个不错的切入点。

（5）基于社区的推荐策略

基于社区的推荐策略的核心在于依赖用户朋友的偏好。有研究表明我们每一个人的社交圈只能维持在 150 人左右，所以有一个非常流行的说法，就是"如果你告诉我你的朋友都是谁，那么我就知道你是谁"。同时，种种现象表明，人们更愿意相信朋友为他们推荐的产品。这就是这几年所谓的"朋友圈私域流量"。

基于社区的推荐策略一般首先会获取用户的社会关系和用户朋友的偏好，以此进行建模，推荐结果基于用户朋友对物品的评分。目前这种推荐策略的应用还比较少，但是私域流量的利用却不知不觉慢慢流行起来了。

（6）混合推荐策略

混合推荐策略综合了上面提到的若干方法。因为每个方法都有其优劣势，比如协同过滤推荐策略会受到冷启动的限制，但是基于内容的推荐策略却可以不受限制，而混合推荐策略在不同的阶段采取的策略侧重点有所不同，可以结合不同策略的优点，来保障推荐效果。比如在推荐系统的冷启动阶段有趣、热门的内容在推荐结果中占比很大，而基于协同过滤推荐策略的个性化推荐结果占比较少。目前大多数商用推荐系统都是混合推荐系统，如图 4-19 所示，从端到端的角度来看，推荐系统是一个"黑盒"，由输入到输出是一个策略综合运行的结果。

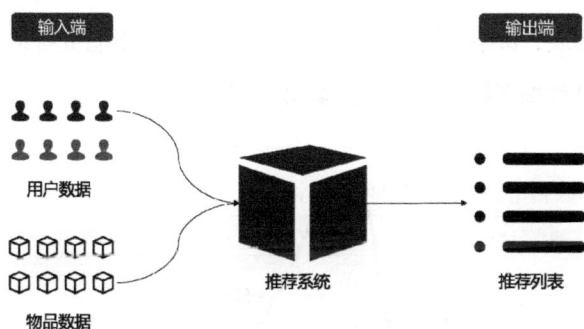

图 4-19　推荐系统是一个"黑盒"

4.3 策略产品经理的结构化思考方法

产品经理要具备结构化思维（Structured Thinking），这是过去几年互联网产品经理从业者经常讲的一句话，也是很多业内的大佬在公开场合的演讲内容。结构化思维是指一个人在面对工作任务或者难题时能从多个侧面进行思考，深刻分析导致问题出现的原因，系统地制订行动方案，并采取恰当的手段使工作得以高效率的开展。结构化思维是一种解决问题的方式，能够帮助你更加高效地解决问题。

4.3.1 从数据中发现问题

1. 一个不正常的数据分布形态

笔者对接过一个业务需求，需要针对 PC 端商品详情页的推荐模块进行改造。这个模块是一个老模块，策略逻辑已经好几年没有迭代，因此首先提取了该模块近一个月的商品的点击量数据了解现状，如图 4-20 所示。

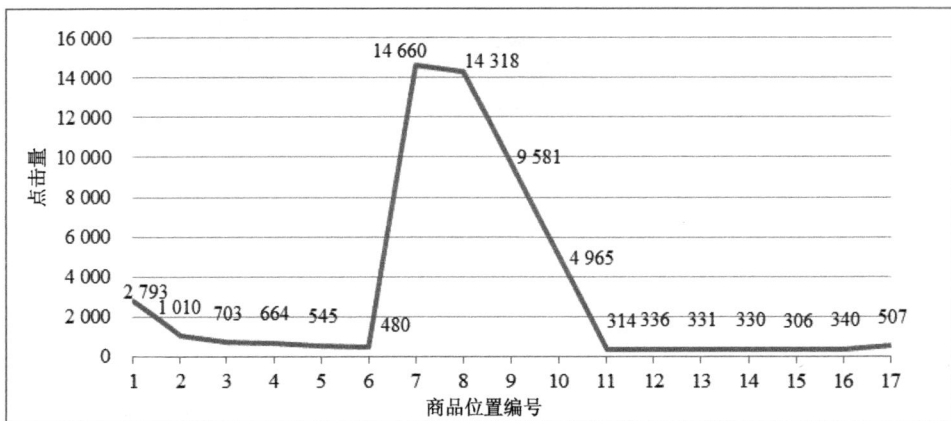

图 4-20　商品点击量分布图

图中纵坐标是商品的点击量，横坐标是商品的位置编号，这个推荐模块是 Feed 流形式，总共有 17 个坑位。当拿到这样的数据分布图的时候，笔者第一反应就是这个数据分布形态很不符合常理，排序在第一个位置的商品的点击量不高，点击量最高的是排在中间的商品。

通常类似推荐或者搜索等涉及排序的策略产品中会存在"马太效应"，或者叫"首位效应"，也就是排序越靠前的物品点击量会越高。有可能不完全是这样，但是大的趋势应该是没错的，这个推荐模块有点令人意外。

2．大胆假设，小心验证

为什么会出现这种现象？基于当前的产品现状，笔者拟定了两个方向去进行假设。第一个方向就是最常见的排序逻辑出现问题，导致较"好"的物品被排到后面；第二个方向就是从产品前端去找可能的原因。

首先，第一个假设很快就被否定了。因为推荐模块的综合排序一般会参考多个物品的特征去做量化，得分越高排序越靠前，物品的热度就是一个常用的特征，比如销量越高、浏览量越高、收藏量越高的物品，热度可能越高，因此排序位置靠前的物品基本是受欢迎度比较高的物品。那么是不是进行了人工的干预呢？跟研发工程师确认之后发现没有对应的逻辑，所以很快就否定了。

其次，仔细分析了当前模块的布局，一个令人意外的猜测就出现了。整个页面大概的结构是一个典型的商品详情页结构，推荐模块的位置如图 4-21 所示。

图 4-21　商品详情页布局示意图

　　用户浏览商品详情页的常见步骤：先浏览基本信息，再查看商品详情，然后是其他模块。当用户查看商品详情部分大概中间位置的时候，通常对这个商品已经足够了解了，不会继续浏览。当时做了一个局部的小调研，发现 80% 的用户不会把整个商品描述部分都看完。这个时候如果用户的注意力开始转向其他模块，那么推荐模块中间的区域就是承载这部分流量的唯一区域。如图 4-22 所示，用户注意力开始向推荐模块扩散，此时正好就是推荐模块中间的位置。这样就不难理解为什么推荐模块中部位置的物品的点击量反而是最高的。

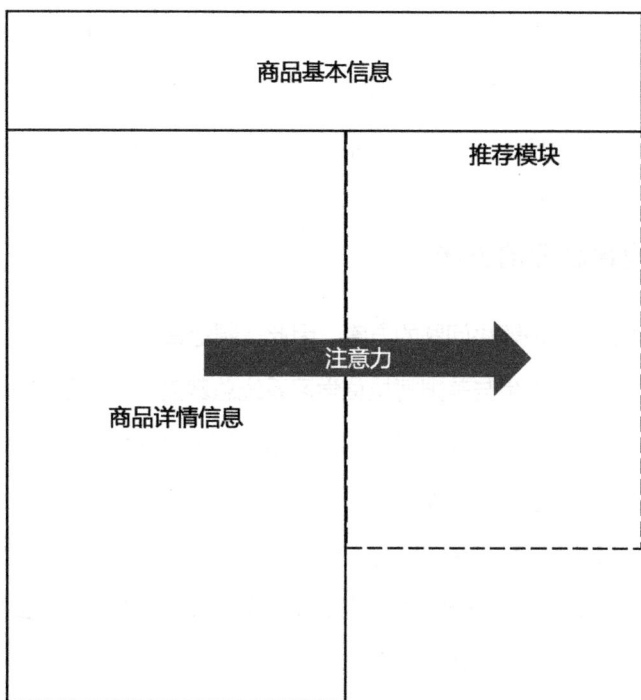

图 4-22 用户注意力扩散示意图

通过以上的分析得出三个结论。

①用户注意力研究也是策略的重要组成部分。比如上面案例中的推荐模块，商品详情部分是一个流量很大的区域，随着用户向下滑动查看商品详情，推荐模块的前几屏会被划过。如果这个时候用户注意力分散，那么推荐模块的中间区域就完美承接了这部分流量。而对于本身是优质物品的前几屏来说，有损转化。

②定位完全不同的模块一般来说最好每个模块设置单独的层级，而不是占据同一层级。层级并列会人为地对流量的导向进行干预，无论对于哪个模块来说都是对用户注意力的分散。

③前端设计会严重影响最终的数据效果，数据表现不仅仅是逻辑的事情，设计不仅仅是追求美观。

最终这个需求的解决方案是不仅仅对旧的召回排序逻辑进行了迭代，更重要的是对产品的前端设计进行了优化，数据恢复了正常。通过数据分析发现问题，着眼点要小，粒度要细，看趋势是无法发现具体问题的，但是解决问题的思路要开阔。

4.3.2　结构化思考的方法

策略本质上是一种解决问题的方案，因此，制定策略的导火索就是发现问题。由中智源公司总裁杜豪先生与美国阿拉莫学习系统总裁盖伊·黑尔（Guy Hale）合著的《领导者之剑》提出了解决问题的四大模块：情境分析（SAP）、原因分析（CAP）、决策制定（DMP）、计划分析（PAP）。它们概括了从发现问题到解决问题的一个结构化的思路。如果映射到策略产品经理的工作方法上，就是当我们需要用策略解决某一问题的时候，需要回答以下四个问题：是什么？为什么？怎么做？怎么样？拆解为具体工作流的话，可以分为以下几步。

①搞清楚当前的问题，明确问题本质。策略需求在很多情况下来源于业务反馈，而且很多时候都是偏感性的描述，比如"用户进入首页看到的东西都一样，这个体验不太好，不利于促成转化"。作为策略产品经理不能从接到问题的那一刻就开始进入输出解决方案的流程，必须要搞清楚问题的来龙去脉，比如产生问题的场景、具体的案例以及流程复现。另外，策略需求也可以是理性的，策略产品经理、运营人员通过数据分析得出的结论也是策略需求的一大来源。比如上面的案例中通过数据分布现状，不仅仅能够看出排序策略上的优化，也能为产品设计带来迭代的思路。

②拆解问题，大胆假设，其实是为了满足下面几个要求。首先是效率协作需求，在第3章讲定义策略产品需求时提到过策略需求不仅仅包括数据计算、逻辑调整类需求，还有很多涉及可视化产品端的优化。对于这类的需求，从大多数的产品团队分工职责来看，一般是由业务产品团队进行承接。因此，一个完整的策略需求在拆解之后可能是由策略产品经理、数据产品经理甚至是业务产品经理几方一起合作解决的，这

样效率会更高。

其次，针对当前问题找到局部最优解。就策略产品经理来讲，当明确对应的需求之后，需要做的是基于当前的问题进行假设，从不同的角度来推导解决方案，就像上一节中的案例那样，一个排序问题可能会引申出多种解决方案，局部最优解反而是前端页面结构的优化。

③用数据验证需求价值。无论是在进行需求分析，还是需求拆解的时候，用数据说话是一种常见的需求价值衡量手段。很多做 App 首页推荐策略的产品经理，因为其承载了线上流量分发的功能，因此如果涉及多个业务线势必会引起流量争抢的情况，这时一个非常简单的方法就是让各业务人员把自己的数据摆出来，根据用户的线上行为数据来进行流量分发策略的制定。

④衡量策略的效果。首先，由于策略需求上线后结果的不确定性，因此需要定义该策略的衡量指标，以便及时对异常情况进行响应。其次，做产品经理最忌成为需求对接的工具，因此在进行策略实施前要通过定义策略目标来量化工作价值。一般来讲，一个策略上线之前需要提前设计好 A/B 测试、产品埋点方案，并且对相关指标做好定义。

4.4 小结

本章围绕策略产品经理的工作内容进行了不同角度的讨论，可以看出策略产品经理在很大程度上是产品经理的一个分支，因此从本质上来说策略产品经理的核心目标仍然是解决业务问题，核心能力是持续输出正确的解决方案。只不过由于具体工作内容和要求的差别，所以其能力模型有独特性。

4.1 节介绍了策略产品经理工作的全流程，从策略需求到策略落地，整个过程有两个字贯穿始终，那就是数据。因此数据对于策略产品经理来说意义重大，无论是制订策略方案的需要，还是个人能力的塑造，对数据的理解都是策略产品经理最重要的能力之一。

4.2 节以推荐策略产品的真实案例来为读者呈现一个策略产品经理从 0 到 1 搭建策略产品的过程和思路，希望读者能看到从策略需求的挖掘到验证，再到方案制订的全流程，并且结合自己的实践形成个人方法论。

4.3 节介绍了策略产品经理应该具备的结构化思维。结构化思维是一种非常重要的解决问题思路，对于解决复杂问题有很好的指导意义。所有产品的背后都有无数的策略支撑，策略本身是没有范围限制的。策略产品经理需要有一个属于自身的思考方法，一方面可以高效地解决问题，另一方面也有助于拓宽自己的职业生涯。

第 5 章

未来属于会用数据的产品经理

业界有一种很流行的说法，产品经理岗是 CEO 的学前班，虽然带有调侃的成分，但足以看出产品经理这个角色在企业中发挥的重要作用，也有很多的业内大佬都以产品经理自居。但不得不说的是传统产品经理竞争优势越来越模糊，在时代发展、行业变革的大背景下，产品经理同样面临着很大的挑战。无论是在行业发展的角度，还是产品发展的角度，这个跨度都是巨大的。回看 10 年前，当时我们还以拥有一部诺基亚 N97 手机（如图 5-1 所示）为荣，如今它却早已风光不再。

图 5-1　诺基亚 N97 手机

我们一直在讲产品经理要有产品 owner 意识，就是要以产品主人翁的身份去开展工作，不仅需要负责产品、服务从 0 到 1 的搭建，还需要负责其业务价值的从无到有。产品依托于行业存在，行业的发展必然会影响到产品的存在形式。因此产品经理视界的宽度很大程度上会影响产品发展的边界，产品经理不仅仅需要有足够专业的能力，而且需要紧跟行业发展进度。

本章将从三方面来尝试讨论一下产品经理的发展。产品经理需要有自己的思考，对于过去工作中的不足之处、跌倒的经历，通过总结和思维发散看到未来一角。成长对于每个职场人来说都是重要的，不只是你薪资职级的上升，更多的是能锻炼你独立思考、独立成就自己的能力，这可以让你面对不确定的未来时更从容一些。长远来看，产品经理仍然是一个重要的岗位，面对技术日新月异的发展、行业的快速变革，顺势而为才能在职业的道路上走得更长久。

5.1 思考，成为一种习惯

5.1.1 做推荐策略产品经理踩过的坑

推荐系统是策略产品中最常见的一种形式，整个过程会涉及业务背景调研、策略需求定义、数据预处理、策略方案制订、产品设计、策略开发、验证迭代等环节。策略产品经理在每一个环节都需要进行缜密的思考，才能最大程度地保证产品上线的效果朝预期方向发展。但是由于业务环境自身的限制，或者开发过程中一些不可避免的因素，或多或少都会遇到一些问题。下面列出笔者做推荐策略产品期间踩过的一些坑以及对应的解决方案，希望大家能引以为戒。

（1）数据问题

在第 4 章中，详细描述了在推荐策略产品搭建的数据预处理阶段，需要注意哪些问题，这里总结一下。推荐策略产品的搭建，如果数据问题是其面临的第二大问题，那么没有什么可以被称作最大的问题了。这里的数据问题并不是指没有数据，而是没有结构化的数据，主要体现在三方面：埋点缺失，线上数据无法收集，缺少数据源；数据没有进行科学的存储，导致无法使用；存储结构比较散乱，工程效率低下。以上三点，直接导致业务线不能够搭建推荐策略产品。记住一句话：底层数据各种属性不全，最好的规则也白搭。

产品数据问题需要引起足够的重视。数据采集以及数据表结构设计，不仅仅依赖于研发工程师，更需要产品经理在产品方案阶段定义明确的数据需求。很多企业都由专门的数据产品经理来负责业务数据产品的规划和实施，策略产品经理要及时进行同步。另外，埋点方案也是数据需求中的一部分，通常在 PRD 中需要明确定义埋点方案。可以参考一下第 2 章关于数据埋点的介绍，完整的埋点方案，是确保数据源质量最高效的途径，是对一个产品经理最基本的要求。

（2）推荐系统无所不能

在策略产品上线之后，经常会接到业务运营团队的体验反馈，下面是一些常见的案例。这个物品我不喜欢，为什么还在我的列表展示？部分物品为什么会被推荐？毫无根据。我想买一个电磁炉，为什么没向我推荐？我们的两个推荐列表展示的东西不一样，会不会被用户投诉？

对于一个刚入行甚至没有接触过个性化推荐系统的人来说，提出这些疑问很正常，但其背后更深层次的原因实际上是近几年由于人工智能相关技术应用热、算法热带来的用户预期管理不当。在大多数人的眼中，由于推荐系统用到了诸如深度学习、算法模型等热门技术，所以对它能够为业务带来的价值预期很高。因此，策略产品经理应该在需求评审阶段做好预期管理，同时对项目的核心衡量指标做好定义和目标阈值设置。

（3）没有算法的推荐系统很低级

由于推荐系统的主旨是在把握用户个性化需求的基础上，推荐合适的物品，要求系统的输出是"千人千面"的，这其中会涉及巨量的数据计算和逻辑处理，因此大多数的推荐系统都会用到算法、机器学习等一些与大数据相关的技术。但并不是说推荐系统一定需要算法来参与，在第 4 章介绍过搭建推荐策略产品常见的六种思路，其中就介绍了基于内容的推荐策略和基于知识的推荐策略等。

另外，做推荐系统也需要有互联网的产品思维，最小可用产品（Minimum Viable

Product，MVP）先行。可以先试一试个性化的推荐是否能够有效提升相关的指标，是否契合本业务线。一条新的业务线如果一上来就开始选各种算法、训练各种模型，先不说客观条件具备与否，就说最终 ROI 是否能够达成都需要画一个问号。

推荐策略本身还是为业务服务、从业务出发的。因此，做推荐系统不要聚焦于采用什么复杂的算法，回归业务，挖掘业务中可以结合推荐策略能够高效、精准解决的痛点才是关键。

（4）模糊的指标评价体系

很多时候，策略产品经理在制定核心指标时都采用主流指标，因为大多数的推荐系统衡量指标是 CTR，因此不论什么业务、什么业务场景均以 CTR 作为产品的核心指标。比如类似今日头条、腾讯新闻等偏内容资讯类的推荐类策略产品，如果一味追求 CTR，那么在推荐结果中可能会出现很多低俗、打擦边球的内容，因此选择一个合适的策略衡量指标对于推荐结果的导向十分关键。

在第 3 章介绍过 Web 端和 App 端策略产品常见的衡量指标，如何在众多的指标中选取合适的指标来衡量策略上线后的效果呢？这就需要在设定推荐系统的核心指标之前，首先想清楚目前的目标导向是什么。是 GMV 导向，还是转化率导向，还是流量导向？目标导向，直接决定了整个推荐系统设计过程中的策略、公式、算法、特征等的选取。

在选择具体的衡量指标时，笔者建议对于新业务，暂时不要以 GMV 为导向，可以从流量的角度入手，比如 DAU、MAU，因为这个时候业务主要以增长为主；对于较成熟的业务，可以从流量转化的角度入手，选取 CTR 作为核心指标，用来衡量流量的转化率；对于成熟的业务线，则以 GMV 为导向，可以选取 UV 价值、RPM 等作为核心指标。

（5）复杂的算法与看似不那么好的效果

很多刚入行的人对推荐系统有一个常见的误区，认为推荐结果就应该越准越好。这个"准"是什么概念呢？比如假设用户喜欢冒险类和情感类电影，那么推荐系统一直推荐这两种题材的电影才是一个好的推荐系统；如果有其他题材的电影，那么就是一个效果不好的推荐系统。

需要注意的是，用户的兴趣是会随时变动的，关键有时候连用户自己都不知道自己喜欢什么，所以推荐系统除了在大量的物品中为用户高效、精确地筛选出其感兴趣的物品，目前更多的是承担一种挖掘用户兴趣的需求，起一个引导的作用，让用户更愿意在产品中"逛起来"。对于推荐系统来讲，通常这叫"新颖度"，也就是衡量推荐系统挖掘冷门物品的能力。

推荐系统除了追求精准度，还要结合业务特性设置其他衡量指标。比如内容型的产品，除了用户可能感兴趣的内容，平台热门、优质的内容也可以推荐给用户。这其实也是一个不断反哺用户画像库的过程。

5.1.2 产品经理需要拥有泛化能力

优秀的人都有一个共同的特点，就是泛化能力特别强。泛化能力本是机器学习领域的一个专业名词，用来表示机器学习算法对新鲜样本的适应能力，对应到个人就是指解决新问题的能力。真正的高手能够把过去工作当中的所思所得以方法论的形式沉淀下来，即便面对新问题也能很轻易地进行一步一步的拆解、应对，而产品经理同样需要具备泛化能力。

首先，这是企业业务创新的要求。当下整个行业的一个非常典型的特征就是变化快，尤其在互联网行业，不仅仅是变化快，而且应对需要敏捷。新业务模式的探索，就意味着全新的业务流程、用户群体、商业模式等。这就要求产品经理在一个从未面对过的问题上尽快拿出解决方案，而过往的工作经验是无法直接套用的，因此需要产品经理形成自己的一套方法论。

其次，这是产品经理职业发展的需要。在整个职业生涯当中，产品经理必然会经历不同的企业、不同的业务模式、不同的产品团队。尤其是策略产品经理这个岗位，正如前面章节提到的策略产品通常依附于某个业务产品，因此业务的变化通常会导致具体应用策略的变化，但是其核心是没有变的。拿搜索推荐系统来举例，如图 5-2 所示，无论什么样的业务模式，商业化的搜索推荐系统核心模块一定包含数据处理、召回和排序。如果没有形成自己的一套方法论，遇到一个新业务就需要从头开始做起，那你的价值必然会被另一个人代替。

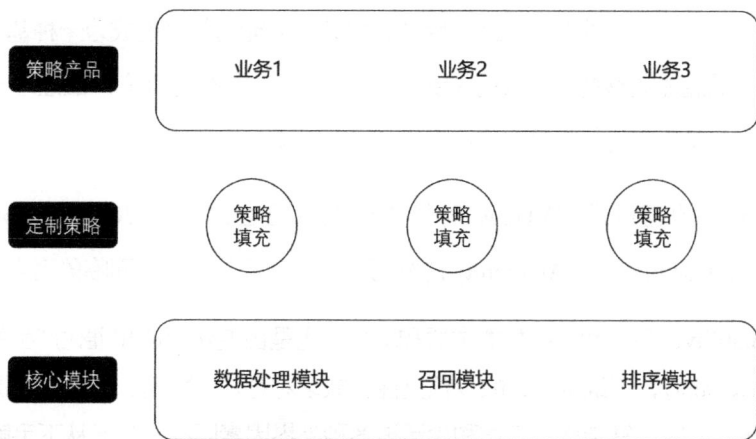

图 5-2　商业化搜索推荐系统常见思路

最后，泛化能力是应对不确定性最可靠的武器。不得不说在互联网的"下半场"，不仅仅企业需要积极转型、改变思路，个人也需要顺势而为。10 年前，我们还在讨论功能和体验，如今却开始注重数据、商业化应用。每个人在职场道路甚至整个人生中都会遇到这些不确定性，因此在遇到困难的时候，能否快速地把过往的经验、技能以及方法论应用于解决新问题是能否突破瓶颈的关键所在。

5.2 成长的关键在于快速学习

这是一个"知识爆炸"的时代。虽然说法很老套，但是不得不承认整个行业知识更迭速度越来越快。一份研究资料显示：一个本科生走出校门 2 年内，一个硕士研究生毕业 3 年内，一个博士生毕业 4 年内，如果不及时补充新知识，其所学的专业知识将全部"老化"。所以终身学习越来越受到大家的关注。但是参加工作之后，每个人的精力有限，能够用来专注学习的时间少之又少，尤其产品经理经常会因为组织架构调整等原因开始面对新的业务挑战。因此，快速学习能力越来越成为一种基础能力，也是一个产品经理能够持续发展的关键。笔者在部门内部做过面向产品经理学习能力提升的培训，本节阐述的就是对产品经理快速学习能力的思考。

当时分享的题目是"VUCA 时代的个人学习之道"。VUCA 是 Volatility、Uncertainty、Complexity、Ambiguity 的缩写，这些也都是每个人面临的真实问题。

- Volatility，易变性，变化的本质和动力，也是由变化驱使和催化产生的。
- Uncertainty，不确定性，缺少预见性，缺乏对意外的预期、理解和认识。
- Complexity，复杂性，工作和生活被各种外界因素困扰，却无从下手解决。
- Ambiguity，模糊性，对现实情况认识不清，是面临困扰的根源所在。

面对如此复杂的时代，只有每个人有所专长，保持核心竞争力，甚至成为行业的专家才能游刃有余。拿目前产品经理的招聘市场来看，由于市场饱和度越来越高，初级产品经理已经不再是招聘市场的宠儿，取而代之的是各行业资深的、专家级别的候选人，这些人即使在行业下行周期也是一将难求。

如何成为一个行业的专家？佛罗里达州立大学心理学家 K.安德斯·艾利克森（K.

Anders Ericsson）提出了"刻意练习"的概念，这套练习方法的核心是假设专家级水平是逐渐地练出来的，而有效进步的关键在于找到一系列的小任务让受训者按顺序完成。这个过程在笔者看来，最快的方式就是持续输入、不断输出。

（1）持续输入

产品经理的输入方式有很多，听一节课、读一本书是一种输入，同样，一次谈话、一个会议也是一种输入。需要注意的是输入的是信息，不是知识，经过个人加工产生积极作用的才是知识。

就策略产品经理来讲，虽然说这个岗位不是新生的，但是许多工作内容还是比较新的，涉及算法模型、人工智能甚至经济学领域。尤其是当你切入一条新业务线时，怎么样才能在最短的时间内了解业务的运作，进而开展下一步的工作呢？笔者刚开始进入搜索推荐策略领域时也面临同样的问题：

- 新业务不了解，如何快速投入角色？
- 各企业数据体系都不相同，怎样在短时间内摸清本业务团队的数据协作流程？
- 怎样开始搭建第一个策略产品？

每一个策略产品新人都会遇到类似的问题，笔者当时做了下面的一些事情来帮助自己尽快融入角色，现在看来每一种方式都是一种输入，因为这些事情都会在潜意识里影响到后续工作的开展。

- 参加业务相关的重要会议，尤其是需求评审会、方案研讨会，在了解业务全貌的同时，重点关注数据应用的部分。
- 熟悉企业内部的所有与数据相关的产品，包括产品埋点的方式、数据加工处理的流程，以及与数据相关的平台产品。
- 熟悉业界常用搜索推荐策略产品架构，阅读经典书籍、"牛人"博客文章、优秀微信公众号文章就是几种不错的方式。
- 选择对业务模式和数据生态都熟悉的一条业务线切入，从搭建一个 MVP 开始做起。

所以，面对不确定性，最好的方式是通过不断输入来充实自己，工作中有很多看似平淡无奇的事情，要迎接它。输入并不能拿你投入了多少时间来衡量，而是你的投入给你能带来什么样的改变，因此输入也要有结果思维导向，做对自己真正有意义的事情。

（2）不断输出

与输入一样，产品经理的输出途径也有很多，最直接的就是制订需求方案、上线产品。但也正是因为工作内容如此，很多其他非常有价值的输出方式却常常被忽略。小到写一篇文章、发一篇博文，大到做一次演讲、做一次分享，都是输出方式。在企业内部，除了工作，还有很多好的输出方式值得利用，下面就介绍几种不错的输出方式。

- 内部分享。很多大的产品团队会定期组织内部分享会，很开放，不限主题。这是一种很好的方法论总结和查漏补缺机会，也是扩大个人影响力的一种途径。
- 企业课程。现在很多企业都有自己的大学，开设很多种类的课程，一方面可以让更多的知识技能沉淀下来，成为企业的一部分资产；另一方面可以为员工提供更多展示个人的舞台。开发课程能够锻炼一个人的概括总结、演讲表达、结构化思考能力，这些都是策略产品经理的基础能力。
- 创新比赛。创新是一个经久不衰的概念，但是，对于产品创新仁者见仁智者见智，创新比赛就是一个很好的碰撞机会。有些人的方案很前沿，有些人的方案却很接地气，通过创新比赛，你可以了解到从大赛方案到真正的产品落地会经历一个什么样的过程，这样你也会对创新有一个新的认识。

另外，除了企业之内，企业外部也有很多输出的机会，当脱离企业回归个人时，最大的舞台就是互联网。比如微信公众号、博客都是实现个人网络价值的平台，除了能够沉淀个人的方法论，同时，也能让更多的人了解你。输出，并不是自己判断是否有进步，而是一种通过一定的渠道让别人来检验你的方式。

美国著名教育家大卫·库伯（David Kolb）在总结了皮亚杰、杜威、勒温等经验学习模式的基础之上提出了自己的经验学习模式，即库伯学习圈（experiential learning），如图 5-3 所示。他把一个人的学习过程分为四个阶段：反思、抽象归纳、实践和经验。其中，反思和抽象归纳是一种输入，而实践和经验就是一种输出。

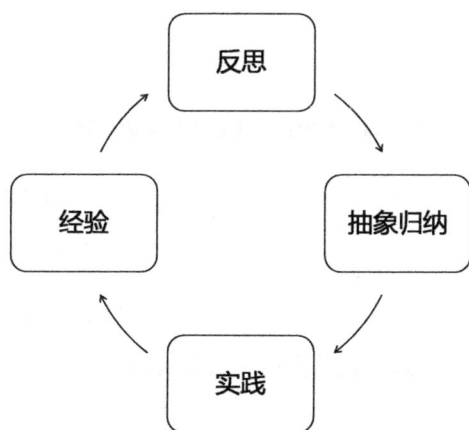

图 5-3　库伯学习圈

5.3　数据会成为业务的基石

5.3.1　你以为的数据驱动可能一直都是错的

2013 年，大数据开始逐渐受到关注，图 5-4 是百度指数收录"大数据"这个关键词的变化趋势图。数据驱动也应该是伴随着大数据的兴起才诞生的又一新领域。如今，小到各行业的从业者，大到各大公司、企业，数据驱动成了继技术驱动、产品驱动、运营驱动之后的标配。

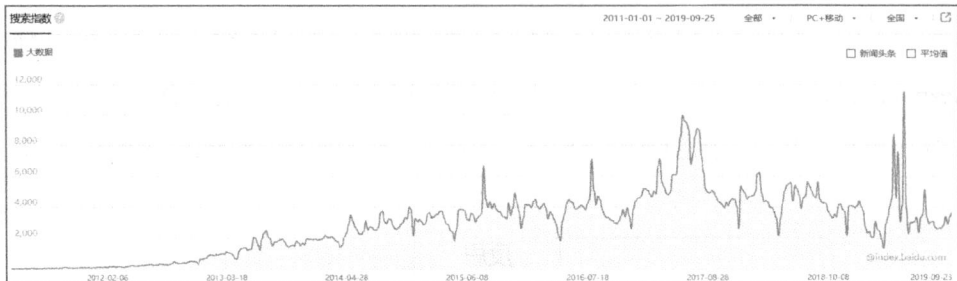

图 5-4　关键词"大数据"百度指数

数据驱动，拆开来看就是"数据+驱动"，这样可能好理解一些，但是也会带来很多问题，只要使用数据做了点事情，可能都会被认为是数据驱动。其中，对数据驱动最常见的一种理解，以及在实际工作中的践行，就是把数据作为一种证实/证伪的手段，然后由人（比如产品经理、运营人员）去做决策。

随着做的项目越来越多，有一种感觉就是数据驱动的本质应该是数据做决策。从用户开始进来，到用户离开，数据决定给用户展示什么内容、提供什么服务。所以，数据驱动是一个完整的链路而非某一个单一的模块。拆开来看，数据驱动应该包括数据采集、数据建模、数据分析和数据决策四大链路。

1. 数据采集

数据采集即通过数据采集手段，对线上、线下各端各渠道的数据进行记录，并且设计科学的表结构进行结构化存储。最常见的行为数据采集手段就是埋点，通过埋点把最原始的数据通过日志的方式记录下来，形成底层数据源。原始数据通常包括：用户行为数据、订单数据、曝光数据、性能数据、内容数据等。关注点包括两个：一个是数据要采集全面、细致，另一个就是要进行科学的存储。结构化的数据才具备应用价值。

这个阶段好比采集社会。人类依靠最原始的大自然资源进行营养摄取和生存，大自然有什么，人类就能得到什么，只能满足生存的基本需求。

2．数据建模

数据建模环节也可以称为数据加工。通常是为了满足一定的目的对原始数据进行清洗、加工、计算等，最终生成我们需要的数据。原始数据是没有添加任何逻辑在里面的，无法进行直接应用。

举个例子，电商行业内用户订单数据是一种非常常见的数据。在原始的订单数据表中，一个数据行代表了某个库存保有单位（Stock Keeping Unit，SKU）在某时间以某个价格被某个用户下单。但是，仅是一个 SKU 的表现通常没有分析价值和利用价值，更有价值的是某一类、某一段时间、某一批用户的下单行为。这就涉及一个加工建模的过程。

这个时候好比进入了农业社会，原始生产资源经过初步的加工变得更有营养价值和实用价值。

3．数据分析

数据分析阶段可以说是一个数据真正发挥其价值的初级阶段，也是目前大多数人对数据驱动理解的终极阶段。

企业在这个阶段主要通过数据来进行业务支持。比如数据可视化呈现、数据指标抽象、数据用于训练模型算法、数据用于刻画用户画像等，其实都可以称为数据分析阶段。数据分析的结果就是让决策有所依据，比如产品上线后表现怎么样、什么样的用户会购买此类商品。

接下来的迭代会按照分析的结果，由产品、业务、运营等相关人员去决策该优化哪些功能、该推出哪些品类、该上什么样的运营活动。数据驱动目前大多还是在这个阶段。

4．数据决策

真正的数据驱动应该是更智能、更自动化的驱动，也就是用户进来的那一刻，整个数据链路开始运作，从而决定向用户展示什么内容、提供什么服务。

仍以电商类业务（淘宝和京东）为例，之前的老版本都是以固定的入口和人工配置的运营频道来搭建首页，看上去就是一个大卖场，里面有各种运营人员开的小商铺。但是最新的改版，两家都不约而同地朝一个方向演进。首页除了固定的 icon，其他区域全部是基于个性化推荐算法搭建的活动、商品，如图 5-5 和图 5-6 所示。淘宝是"你的淘宝"，京东是"你的京东"。

图 5-5　改版后的京东首页

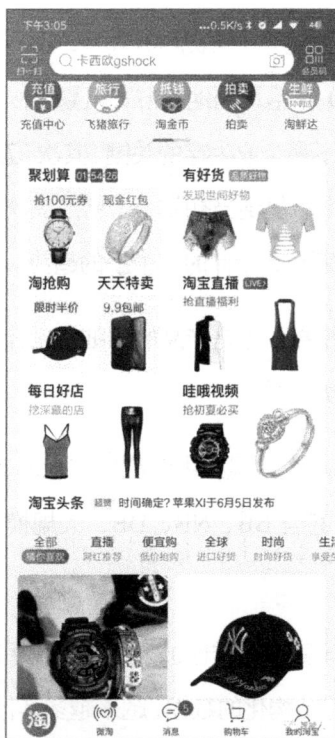

图 5-6　改版后的淘宝首页

　　能够做到这样，后台有无数的数据从采集，到处理，再到分析建模，最后进行决策支撑。在实际工作中，每个人在做的事情可能只是整个链路中的一部分。不过这种全链路、全流程的数据驱动观念还是要有的，这样在日常的工作中才会注意到哪些是需要积累的。

5.3.2　未来属于会用数据的产品经理

　　不可否认的是，现在各大公司开始把数据作为企业资产的一部分"严加看管"。互联网行业的"下半场"，数据必将成为兵家必争之地。这既与企业的商业导向相关，也与产品核心思路相关。

首先，无论是从互联网活跃用户增长趋势放缓，还是从全球人口变化趋势的角度来看，企业如果继续以前 10 年跑马圈地的方式粗暴运作，必然会遭到市场淘汰，企业存量用户价值的深挖是接下来企业生存的关键。其次，互联网行业的格局日渐成型，产品市场日渐成熟和稳定，很难复现当初靠一个新产品获取数百万个用户的情景，精细化设计、运营会成为接下来产品设计的一个新的趋势。

不管是用户价值的深度挖掘，还是产品的精细化设计和运营，都离不开数据的应用。这与数据呈现的几大趋势有关系。

第一，数据的规模越来越大，现在由互联网产生的数据计量单位从 MB、GB、TB，到 PB、EB、ZB、YB 甚至 BB、NB、DB，大规模的数据为商业应用奠定了坚实的基础。

第二，数据来源越来越丰富，多样性扩大了数据应用范围。除了最基本的用户基础数据、物品基础信息数据等结构化的数据，越来越多其他形式的数据开始产生作用，比如用户与系统的交互数据，在这方面应用最多的就是推荐系统。

第三，数据更新的速度越来越快。数据是有时效性的，也就是离我们现在的时间越久的数据，价值越低；越近、越新鲜的数据，则应用价值越大。由于互联网的普及，大规模的网民每天都会产生巨量的数据可供应用，新数据价值亟待挖掘。

第四，数据中隐形的价值，是数据越来越成为企业核心的本质原因。我们在概率论中也学过，小样本试验是不具备可信度的，但是正是数据规模大、来源多、更新快的特性导致现在的数据具备了更多隐性的价值，典型的应用之一就是用户画像。通过大量的用户购买成交数据、浏览点击日志数据、搜索日志数据等，可以计算出一个人的购买力、消费偏好、信用属性等。

产品经理的核心价值就在于为业务创造商业价值，为用户提供产品服务，无论哪种场景都需要产品经理在数据的应用上做出更多的成绩，探索出更多的场景，用数据赋能业务。策略产品经理在一些领域已经踏上了这段征程，未来属于会用数据的产品经理。

5.4 小结

本章主要讨论了策略产品经理未来的发展方向。不可否认的是，数据将会成为未来各行业、各企业的重中之重，而会使用数据的产品经理也将会在未来拥有核心的竞争力。

5.1 节以笔者在推荐策略产品领域的工作总结，引出策略产品经理需要具备泛化能力，这样才能在解决不同领域的问题时有据可循，能够更加坦然地面对不确定性。

5.2 节讨论了策略产品经理的成长方式。其实不论是作为职场的一员，还是社会的一员，每个人的成长关键在于快速学习能力，其核心就是持续输入和不断输出，通过刻意练习来建立自己的方法论。

5.3 节对未来产品经理发展方向做了讨论。随着时代和行业的变革，数据在企业中发挥的作用越来越大，用数据赋能业务将是一个非常重要的方向，因此会使用、善于使用数据解决问题将会成为产品经理的一个基本能力，而策略产品经理已经开启了这个旅程。

写　在　最　后————————

曾经有个非常有争议的问题："未来还会有产品经理这个岗位吗？"每一个职场人都有自己的答案。笔者的想法是："也许产品经理这个岗位会消失，但是产品经理这个角色是不会消失的。"

经过互联网 10 年的发展，产品经理到现在已经不再是谈概念、做功能的角色了，慢慢地演变为需要通过高效的服务、持续的商业增值来连接用户和企业的枢纽，成为了很多互联网企业日常运作中不可或缺的一环。所以，当下每一位产品经理不应该去思考这个岗位是否会继续存在，而应该更多地去关注自身的发展能否适应行业的需求。如同产品需要在市场上进行打磨、迭代，产品经理也需要不断地迭代自己，保证自己的核心竞争力，如下图所示。

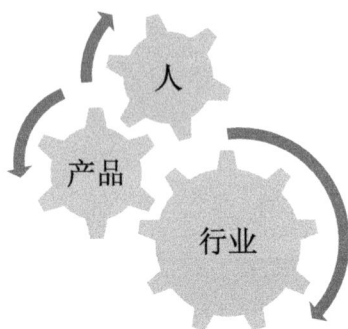

行业驱动产品发展，人进行自我迭代

策略产品经理就是新时代的产物，但绝对不是"横空而出"，也历经了一个逐渐演变的过程。从用户产品经理，到商业产品经理，再到策略产品经理，可以看到每一种岗位的兴起都伴随着行业大趋势的改变。在互联网早期，各种网络应用作为新型的事物，大众的新鲜度和参与感都极高，对于企业来说如何在最快的时间内落地自己的想法，以最快的速度获取用户才是关键。此时用户、功能型产品经理发挥的作用就显而易见了。因此在互联网早期，会发现大家都在谈用户、谈体验。随着同质化产品越来越多，大家把功能都做上去之后发现怎么能让产品持续地给用户提供服务才是关键。比如早期的校内网，获得了百万级数量的用户之后，却因为没有找到很好的盈利模式而不得不出售，这才有了后来的人人网。因此，商业产品经理出现，开始解决产品的商业价值实现问题。而策略产品经理的出现，则再一次顺应了行业发展的要求。

行业的发展日新月异，招聘市场对产品经理的个人能力要求也是快速变化的。当我们在一个领域深耕多年的时候，发现新的趋势已经到来，如何能够在充满不确定性的浪潮中找到一个确定的方向，是每个人需要思考的问题。这也是笔者写这本书的初衷，对过去做过的项目、案例以及个人思考所得进行复盘、总结，形成某个领域的思维方式，以便在面临问题的时候快速找到合适的解决路径。

写这本书，对笔者本人来说是机会，更是挑战。笔者也想过：怎么样能写出一本让大家都满意的书？后来想明白了，如同产品一样，书也没有十全十美的，只能放到市场上不断打磨、迭代。所以，笔者更希望自己的沉淀能够通过市场传递给更多的读者，与更广泛的同行、读者进行交流，互相学习。

最后，还是那句话：也许产品经理这个岗位会消失，但是产品经理这个角色是不会消失的。作为产品经理中的一员，只要不断地进行自我迭代和突破，若干年后回顾过去，大家都会感谢现在的自己。

反侵权盗版声明

电子工业出版社依法对本作品享有专有出版权。任何未经权利人书面许可，复制、销售或通过信息网络传播本作品的行为；歪曲、篡改、剽窃本作品的行为，均违反《中华人民共和国著作权法》，其行为人应承担相应的民事责任和行政责任，构成犯罪的，将被依法追究刑事责任。

为了维护市场秩序，保护权利人的合法权益，我社将依法查处和打击侵权盗版的单位和个人。欢迎社会各界人士积极举报侵权盗版行为，本社将奖励举报有功人员，并保证举报人的信息不被泄露。

举报电话：（010）88254396；（010）88258888

传　　真：（010）88254397

E-mail:　　dbqq@phei.com.cn

通信地址：北京市万寿路 173 信箱

　　　　　电子工业出版社总编办公室

邮　　编：100036